EERSTE EDITIE - Gepubliceerd in 2022

Extra grafisch materiaal van: www.freepik.com
Dank aan: Alekksall, Starline, Pch.vector, Rawpixel.com,
Vectorpocket, Dgim-studio, Upklyak, Macrovector,
Stockgiu, Pikisuperstar & Freepik.com Designers

Ontdek gratis online spelletjes

Hier verkrijgbaar:

**BestActivityBooks.com/FREEGAMES**

# 5 TIPS OM TE BEGINNEN!

## 1) HOE OP TE LOSSEN

De Puzzels zijn in een Klassiek Formaat:

- Woorden worden verborgen zonder pauzes (geen spaties, streepjes, ...)
- Oriëntatie: Voorwaarts & Achterwaarts, Boven & Beneden of in Diagonaal (kan in beide richtingen)
- Woorden kunnen elkaar overlappen of kruisen

## 2) ACTIEF LEREN

Naast elk woord is een spatie voorzien om de vertaling te noteren. Om actief te leren vindt u een **WOORDENBOEK** aan het einde van deze editie om uw kennis te controleren en uit te breiden. U kunt elke vertaling opzoeken en opschrijven, de woorden in de puzzel vinden en ze vervolgens aan uw woordenschat toevoegen!

## 3) TAG JE WOORDEN

Hebt u al geprobeerd een labelsysteem te gebruiken? U zou bijvoorbeeld de woorden die moeilijk te vinden waren kunnen markeren met een kruis, de woorden die u leuk vond met een ster, nieuwe woorden met een driehoek, zeldzame woorden met een ruit enzovoort...

## 4) ORGANISEER UW LEREN

Wij bieden ook een handig **NOTITIEBOEKJE** aan het eind van deze uitgave. Of u nu op vakantie, op reis of thuis bent, u kunt uw nieuwe kennis gemakkelijk ordenen zonder dat u een tweede notitieboek nodig hebt!

## 5) AFGESLOTEN?

Ga naar de bonussectie: **FINAAL UITDAGING** om een gratis spel te vinden dat aan het einde van deze editie wordt aangeboden!

Wil je meer leuke en leerzame activiteiten? Het is Snel en Eenvoudig! Een hele collectie spelboeken slechts **één klik verwijderd!**

Vind uw volgende uitdaging bij:

BestActivityBooks.com/MijnVolgendeBoek

# Klaar... Start!

Wist u dat er zo'n 7000 verschillende talen in de wereld zijn? Woorden zijn kostbaar.

We houden van talen en hebben hard gewerkt om de boeken van de hoogste kwaliteit voor u te maken. Onze ingrediënten?

Een selectie van onmisbare leerthema's, drie grote plakken plezier, dan voegen we er een lepel moeilijke woorden en een snuifje zeldzame woorden aan toe. We serveren ze met zorg en een maximum aan verrukking, zodat je de beste woordspelletjes kunt oplossen en veel plezier beleeft aan het leren!

-------

Uw feedback is essentieel. U kunt een actieve bijdrage leveren aan het succes van dit boek door een recensie achter te laten. Vertel ons wat u het meest beviel in deze editie!

Hier is een korte link die u naar uw bestelpagina brengt:

### BestBooksActivity.com/Recensies50

Bedankt voor uw hulp en veel plezier met het spel!

## Linguas Classics

# 1 - Metingen

```
M U L O V W I Z V L B A D K K
A I X M T G G C Z I A W S I I
R M N L E A Z Q C T S T O L L
G H B U Q Ă N O T R L G M O O
G O O T T S D O I U N P U M G
Z E C I M A L G M N V Ţ Q E R
T S Z P E M L U N G I M E T A
I N C H D G M E B B O D B R M
U T P D U R T E M W I Z V U U
H N Ţ A F E M I Ţ Ă L D K Z N
O A C Y V U R T E M I T N E C
Q F L I Ţ T A D Â N C I M E O
D Ţ T B E A B Y T E C K N R D
H A F B Ă T V I Ţ M E D F S M
D C H N Z E M I Ţ L Ă N Î K L
```

| | |
|---|---|
| LĂŢIME | KILOMETRU |
| BYTE | LUNGIME |
| CENTIMETRU | LITRU |
| ZECIMAL | MASĂ |
| ADÂNCIME | METRU |
| GREUTATE | MINUT |
| GRAM | UNCIE |
| ÎNĂLŢIME | HALBĂ |
| INCH | TONĂ |
| KILOGRAM | VOLUM |

# 2 - Opwarming van de Aarde

```
T E M P E R A T U R I K V U K
D E Z V O L T A R E M O M X F
B T G I T W F A C I W E Y M J
I A E N G E B N M O J U D V M
M D N D E C X L T I Ţ G M I G
O B E U Ţ Z N U F B L X V R U
D G R S N E P Z A J L C T I Ţ
I B A T I P Y Y R R O T I I V
F V Ţ R C C R I Z Ă C C J G L
I Ţ I I E I Ţ N E T A T S A Ţ
C H I E S E N E R G I E I Z F
Ă Ţ B E N R E V U G J M F C B
R L A N O I Ţ A N R E T N I J
I K V A C U M E V M K J S I S
O M D E Ş T I I N Ţ Ă W A F W
```

ATENŢIE
ARCTIC
CRIZĂ
ENERGIE
GAZ
DATE
GENERAŢII
CONSECINŢE
INDUSTRIE
INTERNAŢIONAL

CLIMAT
MEDIU
ACUM
DEZVOLTARE
GUVERN
TEMPERATURI
VIITOR
MODIFICĂRI
OM DE ŞTIINŢĂ

# 3 - Keuken

```
Ș  C  C  R  F  I  C  L  S  Ț  J  O  P  A  H
E  O  A  K  R  E  T  E  R  U  B  C  O  L  O
R  N  S  A  I  P  R  E  H  I  Z  U  L  I  S
V  D  T  T  G  I  A  A  Y  Ț  C  Ț  O  M  L
E  I  R  K  I  Y  T  T  O  R  E  I  N  E  I
Ț  M  O  G  D  K  Ă  N  Q  Ș  A  T  I  N  N
E  E  N  R  E  F  R  P  P  T  I  E  C  T  G
L  N  N  F  R  U  G  V  B  J  N  Ț  M  E  U
Ș  T  V  L  Ț  R  P  A  O  Z  I  C  E  B  R
O  E  U  N  A  C  R  O  B  Ă  C  P  U  B  I
R  Ț  R  L  A  I  C  U  P  T  O  R  K  P  Ț
Ț  P  J  M  C  E  S  T  S  E  L  M  Y  S  E
N  Z  E  Ț  T  I  W  C  W  Ț  Y  W  M  W  L
Y  J  B  Z  L  U  O  O  R  E  G  R  Y  H  D
W  I  U  X  J  G  A  R  H  R  Z  Y  J  H  E
```

CUPE
BEȚIȘOARE
GRĂTAR
CEAINIC
FRIGIDER
CASTRON
ULCIOR
LINGURI
CUȚITE
CUPTOR

POLONIC
BORCAN
REȚETĂ
ȘORȚ
ȘERVEȚEL
CONDIMENTE
BURETE
ALIMENTE
FURCI

# 4 - Boten

```
M F G N M T M J A P I H C E B
O C E I A Q A W N P C S B R I
T I A C R H R Y C V A L U R I
O D M T I C E M O M I J A A X
R O A P T C A L R I A H T N O
Y C N J I D A N Ă M C Ţ Q I O
L K D D M W Y T O T B A C R D
T O U Â R C E O A E U M E A R
G E R S A A K Q V R X L Z M B
J Y Ă T E O D Z R O G T P H F
I E N X J O E C Q H O K E L C
D M W W R C I T U A N Y X G N
B W G S Z E I H G N Â R F Ţ Ţ
B P O J G A H F V U W Z X Ţ Q
K Ţ O S A N S U O F Q Q X K B
```

| | |
|---|---|
| ANCORĂ | MARINAR |
| ECHIPAJ | LAC |
| GEAMANDURĂ | MOTOR |
| DOCK | NAUTIC |
| VALURI | OCEAN |
| IAHT | RÂU |
| CAIAC | FRÂNGHIE |
| CANOE | BAC |
| MARITIM | PLUTĂ |
| CATARG | MARE |

# 5 - Chocolade

```
P O F T A F X X D W H I F H N
A N T I O X I D A N T G C O U
W Z S C M I R R E Ț E T Ă X C
U W U C A L I T A T E K A S Ă
G W G B Ț F Ă C A C A O Ț P D
Y O G S E T M I G J G N X U E
D E L I C I O S I S P M A L C
N C K K L R R C A R A M E L O
A J M K U O A G U A O H Z P C
T R W V D V M A K M T L E A O
L Ă A E Z A F X T A A W A S S
L H X H S F X B O W X N A C Q
E A Q Z I E X O T I C L P M G
O Z E S R D B O M B O A N E V
H O Z Y T N E I D E R G N I V
```

ANTIOXIDANT  
AMAR  
CACAO  
CALORII  
EXOTIC  
FAVORIT  
DELICIOS  
INGREDIENT  
CARAMEL  
NUCĂ DE COCOS  

CALITATE  
ARAHIDE  
REȚETĂ  
AROMĂ  
GUST  
BOMBOANE  
ZAHĂR  
POFTA  
DULCE

# 6 - Gezondheid en Welzijn #2

```
U  H  U  O  X  K  Ţ  G  V  V  S  P  Ţ  A  Y
V  B  N  L  Ţ  U  B  E  I  V  M  T  S  O  H
I  G  I  E  N  Ă  C  N  T  I  J  O  R  R  J
S  O  T  Ă  N  Ă  S  E  A  L  C  X  U  E  J
P  E  R  Q  Z  H  D  T  M  W  Y  L  U  Y  S
I  A  A  B  O  U  N  I  I  R  O  L  A  C  M
T  G  N  L  F  T  K  C  N  D  I  E  T  Ă  E
A  D  R  A  B  J  L  Ă  Ă  R  N  H  Z  M  W
L  I  T  E  T  I  N  F  E  C  Ţ  I  E  Z  I
T  G  E  I  U  O  K  Z  A  L  E  R  G  I  E
Y  E  F  G  M  T  M  N  U  T  R  I  Ţ  I  E
B  S  W  R  G  E  A  I  I  Ţ  C  O  R  P  G
A  T  Q  E  M  G  U  T  E  B  O  A  L  A  N
C  I  N  N  E  R  A  R  E  P  U  C  E  R  Â
L  E  W  E  X  U  T  M  A  S  A  J  U  I  S
```

| | |
|---|---|
| ALERGIE | IGIENĂ |
| ANATOMIE | INFECŢIE |
| SÂNGE | CORP |
| CALORII | MASAJ |
| DIETĂ | DIGESTIE |
| ENERGIE | STRES |
| GENETICĂ | VITAMINĂ |
| GREUTATE | NUTRIŢIE |
| SĂNĂTOS | SPITAL |
| RECUPERARE | BOALA |

# 7 - Tijd

```
X  A  R  A  G  R  E  B  R  M  D  C  Ț  O  S
A  H  D  C  Z  M  B  N  T  M  I  Z  E  Y  T
O  R  O  U  I  N  E  C  E  D  M  I  D  A  D
R  W  J  M  N  N  Q  M  C  B  I  O  Z  Ț  S
Ă  P  U  D  W  D  J  K  X  B  N  U  O  X  Z
N  Q  W  D  T  H  T  Q  Q  A  E  X  M  Z  V
U  U  F  J  P  J  X  X  Y  I  A  J  Ă  H  N
L  L  Z  E  A  M  I  A  Z  Ă  Ț  K  N  N  Z
I  O  F  M  X  A  L  I  Z  A  Ă  O  Â  Ț  E
C  A  L  E  N  D  A  R  A  N  V  V  M  T  Z
O  Q  O  R  T  L  U  E  M  P  I  M  Ă  M  G
Ț  H  C  V  A  P  N  I  Ț  V  I  I  T  O  R
H  D  E  E  F  H  A  E  R  A  L  P  P  B  F
C  U  S  D  R  I  B  O  T  R  L  B  Ă  I  O
O  V  C  N  O  F  M  I  N  U  T  T  S  R  P
```

| | |
|---|---|
| ZI | MINUT |
| DECENIU | DUPĂ |
| SECOL | NOAPTE |
| IERI | ACUM |
| AN | DIMINEAȚĂ |
| ANUAL | VIITOR |
| CALENDAR | ORĂ |
| CEAS | AZI |
| LUNĂ | DEVREME |
| AMIAZĂ | SĂPTĂMÂNĂ |

# 8 - Meditatie

```
M  V  S  Ţ  P  G  Â  N  D  U  R  I  I  S  R
S  E  E  A  Ţ  O  B  U  N  Ă  T  A  T  E  E
O  Ţ  N  P  P  Ţ  S  Ţ  F  T  N  Y  X  R  S
Ă  R  U  T  A  N  E  T  J  A  Y  W  H  I  P
Ţ  P  I  M  A  M  R  M  U  H  N  O  P  C  I
N  A  S  I  M  L  A  L  O  R  E  G  E  I  R
I  C  A  Ș  R  P  V  E  O  Ţ  Ă  Ă  R  R  A
T  E  P  C  M  K  R  J  X  R  I  C  S  E  Ţ
Ș  L  M  A  A  T  E  N  Ţ  I  E  I  P  F  I
O  U  O  R  K  E  S  Ţ  Z  R  K  Z  E  C  E
N  M  C  E  C  W  B  M  A  V  E  U  C  G  J
U  C  Ţ  F  E  U  O  L  E  W  B  M  T  K  K
C  A  C  C  E  P  T  A  R  E  O  B  I  I  Y
E  C  L  A  R  I  T  A  T  E  U  P  V  W  V
R  R  T  Ă  C  E  R  E  R  C  L  R  Ă  R  U
```

| | |
|---|---|
| ATENȚIE | COMPASIUNE |
| ACCEPTARE | MENTAL |
| RESPIRAȚIE | MUZICĂ |
| MIȘCARE | NATURĂ |
| RECUNOȘTINȚĂ | OBSERVARE |
| EMOȚII | PERSPECTIVĂ |
| GÂNDURI | TĂCERE |
| FERICIRE | PACE |
| CLARITATE | BUNĂTATE |
| POSTURĂ | TREAZ |

# 9 - Muziek

```
M C O E J K M M O P M E T M N
U E G R C V K R P X U H J Q A
Z A L B U M A N E I N O M R A
I Y L R J Y X V R E S F B M I
C I T E O P Z N Ă X B D A S J
I L E J V C I M T I R I P Z O
A T E I D O L E M U Z I C A L
N B A L A D Ă A R B A J Ţ M C
Z P Z U D V W Y S F R R Q I Â
X B D B V T K J C I R I L C N
I M P R O V I Z A S C T Z R T
L T G F S U B U P A E M O O Ă
I N S T R U M E N T Ţ O D F R
Î N R E G I S T R A R E Q O E
C Â N T A A J N O X J I E N Ţ
```

ALBUM
BALADĂ
ARMONIE
IMPROVIZA
INSTRUMENT
CLASIC
COR
LIRIC
MELODIE
MICROFON

MUZICAL
MUZICIAN
OPERĂ
ÎNREGISTRARE
POETIC
RITM
RITMIC
TEMPO
CÂNTĂREŢ
CÂNTA

# 10 - Vogels

```
P  C  B  Z  I  P  E  R  U  L  L  V  U  B  S
A  X  T  N  L  U  E  J  O  J  B  B  C  F  C
P  I  O  P  J  W  N  S  U  M  K  R  U  C  D
A  Y  U  E  U  E  O  B  C  Q  C  O  B  C  W
G  C  C  V  L  I  Y  S  R  Ă  R  A  O  I  C
A  W  A  B  A  R  Z  Ă  M  C  R  Â  T  S  F
L  P  N  A  C  I  L  E  P  U  Z  U  X  V  L
W  I  Ț  L  E  B  Ă  D  Ă  C  Q  F  Ș  R  A
A  N  U  Ă  P  P  O  R  U  M  B  E  L  A  M
F  G  R  A  Ț  Ă  Ț  I  N  F  U  B  U  B  I
I  U  T  R  Z  X  A  O  G  A  K  I  U  I  N
Y  I  S  K  L  L  T  U  B  Â  C  C  G  E  G
G  N  D  X  J  U  V  G  Z  Y  S  M  S  O  O
W  J  Q  E  Q  N  Q  S  I  F  Z  C  T  J  T
B  I  F  O  N  L  Q  N  C  B  L  V  Ă  G  Y
```

| | |
|---|---|
| PORUMBEL | BARZĂ |
| RAȚĂ | PAPAGAL |
| OU | PĂUN |
| FLAMINGO | PELICAN |
| GÂSCĂ | PINGUIN |
| PUI | STÂRC |
| CUC | STRUȚ |
| CIOARĂ | TOUCAN |
| PESCĂRUȘ | BUFNIȚĂ |
| VRABIE | LEBĂDĂ |

# 11 - Universum

```
D A T M O S F E R Ă X Î Î S G
A S T R O N O M I E K N N O Ţ
V Ă R E F S I M E C W C T L L
A M O N O R T S A N U L U S O
S Ă T I B R O R M V K I N T N
T L A E L I B I Z I V N E I G
E Z U V L A G N A B A A R Ţ I
R C C Ţ G E T A K Z U R I I T
O M E H Y D S I L C M E C U U
I C O S M I C C T A J C E R D
D Q E W W J Y A O U X L V Z I
O R I Z O N T I M P D I Z K N
H K O I C Y B D Z M K I E M E
T Ţ L S B G M O S G A L N Q R
Z V H E C Ţ G Z B B A Q S E B
```

ASTEROID
ASTRONOMIE
ASTRONOM
ATMOSFERĂ
ORBITĂ
LATITUDINE
ZODIAC
ÎNTUNERIC
ECUATOR
EMISFERĂ

CER
ORIZONT
ÎNCLINARE
COSMIC
LONGITUDINE
LUNA
GALAXIE
TELESCOP
VIZIBIL
SOLSTIŢIU

# 12 - Wiskunde

```
C Z S T U R Q X L E L A R A P
I E S R E N U I Ț C A R F P E
C C B I H O G O S D D U Z A R
J I E U S G V H Q G O D Y R I
D M W N P I K J I N E T F A M
U A B G V L N F M U L O V L E
R L A H K O S P R U R A S E T
T Y Y I Ț P M H Ă S P I L L R
E X P O N E N T R T U L K O U
M E I R T E M O E G R M H G Z
A E C U A Ț I E F K K A Ă R I
I E I R T E M I S P V E T A I
D R E P T U N G H I T D G M U
P E R P E N D I C U L A R X Y
A R I T M E T I C Ă M U Ț V L
```

| | |
|---|---|
| SFERĂ | PARALEL |
| ZECIMAL | PARALELOGRAM |
| DIAMETRU | DREPTUNGHI |
| TRIUNGHI | ARITMETICĂ |
| EXPONENT | SUMĂ |
| FRACȚIUNE | SIMETRIE |
| GEOMETRIE | POLIGON |
| UNGHIURI | ECUAȚIE |
| PERPENDICULAR | PĂTRAT |
| PERIMETRU | VOLUM |

# 13 - Gezondheid en Welzijn #1

```
M P Q I V Q Î D T O J C G C G
J U I V R E N O R K S Ă P B Z
O K Ș E S Y Ă C A C I N I L C
Ţ O W C L T L T T V R I J U U
F W N V H E Ţ O A J E C M O Q
V Z J U D I I R M U F I H Y U
A R F Ţ O U M B E Z L D B T E
G V R C X A E T N B E E F C C
G G A T M Z Z O T Y X M G C G
F D C H E I C A M R A F I F I
O V T O Ţ R R E L A X A R E P
A S U R I V A B A C T E R I I
M Ă R U T S O P O B I C E I G
E O Ă A C T I V I N O M R O H
S U C E H T Q J G E Y X Z X C
```

| | |
|---|---|
| ACTIV | POSTURĂ |
| FARMACIE | PIELE |
| BACTERII | CLINICA |
| TRATAMENT | MEDICINĂ |
| FRACTURĂ | RELAXARE |
| DOCTOR | REFLEX |
| OBICEI | MUȘCHI |
| FOAME | TERAPIE |
| ÎNĂLȚIME | VIRUS |
| HORMONI | NERVI |

# 14 - Camping

```
C I O X G Ț F G W H T P Ț C V
O X T Q R K R Z Z W Z X I A Â
P W R G E F Â Ă C N X T E N N
A N U L B V N T D S Z L Y O Ă
C J V P P B G C A B I N Ă E T
I L H O Y H E O I L G R V O
H E A O H R I S A F F B U F A
M U N T E A E N K S G E T E R
B C I Q D K R I V I Ț C A L E
D O O D Y G X T J B Ț M N I R
E I X R A Ț W D Ă K G O V N U
Ț P H K T B U S O L Ă D Q A D
A V E N T U R Ă H A M A C R Ă
P Ă L Ă R I E L A M I N A F P
L G Q Q S D Z M X E M L D C X
```

| | |
|---|---|
| AVENTURĂ | VÂNĂTOARE |
| MUNTE | HARTĂ |
| COPACI | CANOE |
| PĂDURE | BUSOLĂ |
| FOC | FELINAR |
| CABINĂ | LUNA |
| ANIMALE | LAC |
| HAMAC | NATURĂ |
| PĂLĂRIE | CORT |
| INSECTĂ | FRÂNGHIE |

# 15 - Algebra

```
M  P  T  B  Y  Q  O  F  K  S  M  C  V  S  P
R  E  I  Ţ  A  U  C  E  I  I  A  V  C  O  A
C  A  N  T  I  T  A  T  E  M  T  A  D  L  R
I  I  I  T  S  U  M  Ă  R  P  R  R  I  U  A
F  Q  F  N  C  H  Y  B  E  L  I  I  A  Ţ  N
A  Q  N  E  I  Ă  N  L  D  I  C  A  G  I  T
R  W  I  N  S  L  A  F  Ă  F  E  B  R  E  E
G  G  H  O  Ă  U  V  Q  C  I  N  I  A  Ţ  Z
W  D  Q  P  Q  M  B  X  S  C  U  L  M  F  Ă
G  A  R  X  B  R  E  J  C  A  I  F  Ă  Ţ  R
Q  R  W  E  R  O  W  L  W  S  Ţ  Z  E  R  O
M  J  N  G  E  F  T  P  B  Q  C  Y  F  W  T
F  F  D  I  M  S  P  D  L  O  A  A  R  E  C
T  K  B  Z  A  W  Y  X  Q  Ţ  R  S  M  U  A
B  P  J  L  C  C  J  Q  J  G  F  P  W  U  F
```

| | |
|---|---|
| SCĂDERE | MATRICE |
| DIAGRAMĂ | ZERO |
| EXPONENT | INFINIT |
| FACTOR | SOLUŢIE |
| FORMULĂ | PROBLEMĂ |
| FRACŢIUNE | SUMĂ |
| GRAFIC | FALS |
| PARANTEZĂ | VARIABIL |
| CANTITATE | SIMPLIFICA |
| LINIAR | ECUAŢIE |

# 16 - Activiteiten

```
W  D  D  P  W  A  E  I  G  A  M  E  M  C  A
E  T  A  T  I  V  I  T  C  A  R  L  O  A  E
P  N  N  C  P  D  F  I  C  U  S  T  L  M  Î
I  T  S  U  L  R  A  U  E  H  Q  P  Ă  P  N
C  L  I  S  Ă  U  R  C  R  B  U  O  M  I  D
T  E  V  U  C  M  G  S  A  J  I  Z  E  N  E
U  C  V  T  E  E  O  E  M  U  D  B  Ş  G  M
R  T  H  N  R  Ţ  T  P  I  G  M  P  T  G  Â
A  U  V  D  E  I  O  O  C  L  V  T  E  B  N
M  R  D  U  F  I  F  E  Ă  C  G  J  Ş  A  A
C  Ă  G  R  Ă  D  I  N  Ă  R  I  T  U  R  R
R  E  L  A  X  A  R  E  J  K  T  D  G  K  E
V  Â  N  Ă  T  O  A  R  E  L  Z  Z  U  P  S
T  I  M  P  L  I  B  E  R  C  O  V  R  K  U
W  T  P  N  Z  B  S  Z  S  S  G  K  I  Q  C
```

ACTIVITATE
MEŞTEŞUGURI
DANS
FOTOGRAFIE
PESCUIT
VÂNĂTOARE
CAMPING
CERAMICĂ
ARTĂ
LECTURĂ

MAGIE
CUSUT
RELAXARE
PLĂCERE
PUZZLE
PICTURA
GRĂDINĂRIT
ÎNDEMÂNARE
TIMP LIBER
DRUMEŢII

# 17 - Vormen

```
S A X V L L P A E Ț O Z Z B K
F C U R B Ă O B Z T A A S K A
E A V D Q Ț L O C R E C B Z M
R F I Ț W Z I P I R A M I D Ă
Ă Z H B Z S G N P Ă T R A T L
Q T H D N L O O I A X E Q N O
N S E Ț P B N C N G R N A O B
D R E P T U N G H I R C F B R
Q N Q E D C Y P X Q L A V O E
C I L I N D R U A E Ț T M P P
R O T U N D G J T R U I L R I
O F O Z X Z U Q E Q T A I I H
Z T R I U N G H I U U E N S X
C C Ț W X Y M Ț X A P Z I M U
E I F H Y E X N A Q K M A Ă K
```

SFERĂ
ARC
CILINDRU
CERC
CURBĂ
TRIUNGHI
COLȚ
HIPERBOLĂ
PARTE
CON

CUB
LINIA
OVAL
PIRAMIDĂ
PRISMĂ
MARGINI
DREPTUNGHI
ROTUND
POLIGON
PĂTRAT

# 18 - Diplomatie

```
Z T P B U G W O F A Z Q T S D
G R O W D M R M C J Y W E O R
J A L J P R A G U V E R N L E
D T I J C E D N G J G Y R U P
A A T D I I J I I B Ţ Q R Ţ T
M T I Ţ T L J U S T Y D E I A
B L C Y A I Ţ T D C A D T E T
A I Ă I M S D H D U U R A R E
S M G C O N F L I C T Ţ T A X
A B W Z L O E G Ţ D E V I R F
D I Ţ O P C B Y N O D Ă R E Y
Ă E W R I N E Ţ Ă T E C U P V
Z Z B V D W C M C J R I C O Q
T X A M B A S A D O R T E O B
I X C O M U N I T A T E S C C
```

| | |
|---|---|
| CONSILIER | DREPTATE |
| AMBASADĂ | UMANITAR |
| AMBASADOR | SOLUŢIE |
| CETĂŢENI | POLITICĂ |
| CONFLICT | GUVERN |
| DIPLOMATIC | COOPERARE |
| DISCUŢIE | LIMBI |
| ETICĂ | SECURITATE |
| COMUNITATE | TRATAT |

# 19 - Astronomie

```
U C X W R O D P J C K L X L A
T N R A D I A Ț I E O Z W U S
T E I O Ă S A O L U B E N N T
E C E V T I L E T A S B Ț A R
L H Ă T E M O C M X E V V R O
E I X R N R P Y K E X T Q O N
S N D E A L S Y Q Z T C S T O
C O A D L P Ă M Â N T E O A M
O C I Ț P C O S M O S L O V Y
P Ț H S A S T E R O I D H R E
V I R A C H E T Ă N C I J E R
Z U C O N S T E L A Ț I E S K
A S T R O N A U T O M A P B B
G X I G R A V I T A Ț I E O U
R V M L A Q O X C X K J G Q K
```

PĂMÂNT
ASTEROID
ASTRONAUT
ASTRONOM
ECHINOCȚIU
COMETĂ
COSMOS
LUNA
METEOR
NEBULOASĂ

OBSERVATOR
PLANETĂ
RACHETĂ
SATELIT
STEA
CONSTELAȚIE
RADIAȚIE
TELESCOP
UNIVERS
GRAVITAȚIE

# 20 - Emoties

```
S  R  E  C  U  N  O  S  C  Ă  T  O  R  A  S
T  U  N  Ţ  N  O  C  G  W  P  P  S  N  I
R  W  R  F  S  A  M  N  Ţ  E  L  L  F  M  M
F  E  J  P  K  W  E  Ţ  E  T  S  I  R  T  P
S  T  V  Ţ  R  C  A  L  M  S  J  C  B  L  A
S  A  A  H  W  I  R  A  F  O  E  T  U  I  T
T  T  T  L  Ţ  Z  Z  B  U  G  N  I  C  N  I
N  Ă  A  I  L  L  K  Ă  R  A  A  S  U  I  E
B  N  X  K  S  E  L  W  I  R  T  E  R  Ș  R
F  U  A  A  J  F  X  Y  E  D  U  A  I  T  I
R  B  L  Z  O  T  Ă  C  R  M  H  L  E  E  C
I  K  E  P  A  C  E  C  I  K  U  Ă  Y  D  I
C  D  R  P  F  N  A  Q  U  T  L  K  V  S  R
Ă  F  O  A  C  G  A  L  P  T  A  W  V  G  E
F  O  T  R  P  B  Ţ  Y  W  Y  M  T  D  I  F
```

FRICĂ
JENAT
RECUNOSCĂTOR
TRISTEȚE
FERICIRE
CONȚINUT
CALM
DRAGOSTE
RELAXAT
EXCITAT

LINIȘTE
SIMPATIE
SATISFĂCUT
SURPRIZĂ
PLICTISEALĂ
PACE
BUCURIE
BUNĂTATE
FURIE

# 21 - Vakantie #2

```
T  F  H  O  Y  G  H  N  P  N  A  D  C  C  Y
C  I  A  E  N  W  Y  W  A  T  E  E  Ă  A  Q
C  O  M  S  H  L  L  N  Ș  I  R  S  L  M  O
Y  F  R  P  C  L  W  N  A  N  O  T  Ă  P  R
Z  Y  P  T  L  D  J  E  P  S  P  I  T  I  E
D  C  S  R  V  I  S  T  O  U  O  N  O  N  S
E  N  T  O  A  R  B  W  R  L  R  A  R  G  T
L  M  R  P  C  Ă  X  E  T  Ă  T  Ț  I  Y  A
S  J  Ă  S  A  V  E  E  R  A  M  I  E  O  U
D  L  I  N  N  R  H  A  R  T  Ă  E  P  V  R
Y  Z  N  A  Ț  E  C  L  S  W  W  B  L  I  A
Z  F  N  R  Ă  Z  R  E  T  A  X  I  A  Z  N
S  N  G  T  A  E  J  T  N  X  L  Ț  J  Ă  T
J  R  L  N  B  R  Z  O  N  C  Ț  J  Ă  T  H
Z  P  M  D  Z  D  Z  H  D  T  Ț  R  S  W  D
```

DESTINAȚIE
STRĂIN
INSULĂ
HOTEL
HARTĂ
CAMPING
AEROPORT
PAȘAPORT
CĂLĂTORIE
REZERVĂRI

RESTAURANT
PLAJĂ
TAXI
CORT
TREN
VACANȚĂ
TRANSPORT
VIZĂ
TIMP LIBER
MARE

# 22 - Weersomstandigheden

```
M U S O N O I S B I R T Y T F
N Y Y F S J Ă H E B O K X E U
M N O S K S D K U C C E R M R
T R O P I C A L E C E M O P T
A Q J T Y Q N I B G R T N E U
M E X C T Ă R J U D J G Ă R N
I Z L N N Ţ O T C O E E F A Ă
L K Q K Â A T N R C C E I T M
C N Y Ţ V E G H U X W Z G U V
R U Y Y E H X A C H E X N R T
P O L A R G E H R S C X Y A U
V K C Y N G W B H U M L F O N
F U L G E R W B O Z M R H H E
A T M O S F E R Ă Ţ A E C Ţ T
I N U N D A Ţ I I C Z I D J Ţ
```

| | |
|---|---|
| ATMOSFERĂ | INUNDAȚII |
| FULGER | POLAR |
| TUNET | CURCUBEU |
| SECETĂ | FURTUNĂ |
| CER | TEMPERATURA |
| GHEAȚĂ | TORNADĂ |
| CLIMAT | TROPICALE |
| CEAȚĂ | UMED |
| MUSON | VÂNT |
| URAGAN | NOR |

# 23 - Eten #2

```
O P V M B Ș Q C R A P S X X E
Z I W I K H U Â R G V P B Z B
Ţ E T Ş E P O N P U I F D Q A
Y R R C V X M L C I A U R T N
E S O O K T S D R Ă H S O I A
L I C Ţ S P A R A N G H E L N
M C R S O Y Y D Ă Q E Ţ I O Ă
K Ă L A D G I M Z M L J Ș C R
E B G N V S R E N I Â P O C E
Y X Y A Z O U B Â P X R R O G
X T T N Y H G M R O M E N R P
N U G A B N U O B T P X U B N
V Â N Ă T Ă R T U M I R B W E
J F J Y T Y T S Z L Q T T W V
K J G D C P S C E S B Q D W F
```

| | |
|---|---|
| MIGDALĂ | ȘUNCĂ |
| ANANAS | BRÂNZĂ |
| MĂR | PUI |
| SPARANGHEL | KIWI |
| VÂNĂTĂ | PIERSICĂ |
| BANANĂ | OREZ |
| BROCCOLI | GRÂU |
| PÂINE | ROȘIE |
| STRUGURI | PEȘTE |
| OU | IAURT |

# 24 - Geologie

```
P  V  Q  V  G  V  M  J  M  V  Q  P  C  O  S
A  L  I  S  O  F  U  I  C  L  A  C  O  F  O
C  K  A  V  Y  J  D  L  I  V  S  Ă  N  O  Z
I  H  H  T  I  P  O  T  C  P  R  R  T  G  M
D  O  G  K  O  D  E  U  V  A  C  T  I  H  B
G  Ţ  J  Q  H  U  W  D  A  S  N  A  N  E  X
C  R  I  S  T  A  L  E  L  T  A  I  E  I  E
C  A  A  V  A  F  Q  N  A  A  L  P  N  Z  Q
U  U  C  O  R  A  L  U  V  L  Q  C  T  E  F
I  C  T  R  T  T  Y  I  Ă  A  P  B  H  R  A
Y  R  T  R  S  J  S  Z  M  C  Y  P  L  B  I
F  D  C  X  E  C  R  O  T  T  K  S  A  R  E
U  N  S  X  D  M  T  R  R  I  S  W  D  T  J
G  F  W  K  B  T  U  E  S  T  B  U  T  N  G
H  Y  G  E  T  L  A  R  C  A  V  E  R  N  Ă
```

CUTREMUR
CALCIU
CONTINENT
EROZIUNE
FOSIL
GHEIZER
TOPIT
CAVERNĂ
CORAL
CRISTALE

CUARŢ
STRAT
LAVĂ
PLATOU
STALACTIT
PIATRĂ
VULCAN
ZONĂ
SARE
ACID

# 25 - Specerijen

```
I  N  V  G  S  D  M  D  F  N  A  T  I  I  S
I  B  A  S  A  C  A  L  R  M  E  R  A  S  Ţ
J  U  F  Y  Ţ  N  H  K  F  O  N  N  O  Ţ  G
U  Z  I  S  S  T  R  I  B  M  I  H  G  M  Q
C  H  I  M  I  O  N  F  N  A  V  J  U  F  Ă
C  N  K  A  C  F  A  E  E  D  S  L  S  E  P
P  O  Y  C  P  H  Z  Y  R  R  U  C  T  N  I
A  S  R  Ş  O  F  R  A  N  A  N  F  U  I  P
P  A  F  I  A  M  A  R  L  C  U  R  R  C  E
R  N  I  X  A  L  H  H  M  V  C  F  O  U  R
I  A  K  K  A  N  S  K  F  D  Ş  F  I  L  F
K  W  S  B  H  V  D  P  Z  U  O  S  H  F  C
A  P  V  Q  R  Y  K  R  F  L  A  H  Q  O  Z
V  A  N  I  L  I  E  T  U  C  R  X  Ţ  W  I
N  E  A  Z  V  R  O  H  M  E  Ă  P  A  E  C
```

| | |
|---|---|
| ANASON | PAPRIKA |
| AMAR | PIPER |
| SCHINDUF | ŞOFRAN |
| GHIMBIR | AROMĂ |
| CARDAMOM | CEAPĂ |
| CURRY | VANILIE |
| USTUROI | FENICUL |
| CHIMION | DULCE |
| CORIANDRU | SARE |
| NUCŞOARĂ | |

# 26 - Groenten

```
H  D  Ț  R  C  C  D  Ș  H  U  Z  B  R  C  C
Y  W  N  L  D  B  Ț  O  A  X  E  Ț  P  A  I
G  V  Ț  A  T  B  W  Ț  V  L  U  Z  O  S  U
A  P  E  H  C  I  D  I  R  L  O  N  A  T  P
N  I  L  O  C  C  O  R  B  U  E  T  Q  R  E
G  R  I  B  M  I  H  G  W  V  N  A  Ă  A  R
H  S  N  U  S  T  U  R  O  I  U  Y  C  V  C
I  D  Ă  Q  G  B  C  U  Q  J  T  V  G  E  Ă
N  K  J  E  T  C  A  N  A  P  S  F  R  T  W
A  U  H  I  O  P  E  R  Ă  Z  A  M  K  E  Y
R  J  F  Ș  N  V  S  A  M  Ă  S  L  I  N  Ă
E  B  V  O  C  R  O  M  P  A  N  F  U  F  U
P  Ă  T  R  U  N  J  E  L  Ă  T  A  L  A  S
U  Ț  M  B  U  O  J  Q  K  B  U  K  R  D  G
V  Â  N  Ă  T  Ă  P  L  E  Ț  F  Ț  J  O  I
```

ANGHINARE

VÂNĂTĂ

BROCCOLI

MAZĂRE

GHIMBIR

USTUROI

CASTRAVETE

MĂSLINĂ

CIUPERCĂ

PĂTRUNJEL

DOVLEAC

NAP

RIDICHE

SALATĂ

ȚELINĂ

ȘALOTĂ

SPANAC

ROȘIE

CEAPĂ

MORCOV

# 27 - Archeologie

```
E Z E Z P Z P D C X Q S N D O
X N C V P R K Ţ V R N N E E B
P U H J A O O Y A L O Ţ C S I
E L I S O F Z F Z V M G U C E
R P P B C Ă X F E L V B N E C
T M Ă M X Z R K I S Ţ F O N T
A E V O M I S T E R O E S D E
T T C R F L J X Q Y N R C E L
I E I M E A Z I G K Z A U N I
U Z L Â R N L G A X M U T T W
J M E N Ă A O A S E I L E J E
F J R T C I V I L I Z A Ţ I E
C E R C E T Ă T O R V V T D W
A N T I C H I T A T E E N Q C
I X F R A G M E N T E K Ţ L I
```

| | |
|---|---|
| ANALIZĂ | OBIECTE |
| CIVILIZAŢIE | NECUNOSCUT |
| OASE | CERCETĂTOR |
| EXPERT | ANTICHITATE |
| EVALUARE | PROFESOR |
| FOSIL | RELICVĂ |
| FRAGMENTE | ECHIPĂ |
| MORMÂNT | TEMPLU |
| MISTER | ERĂ |
| DESCENDENT | UITAT |

# 28 - Dans

```
M T V C P A R T E N E R O Z G
U R I O A A F T U G V L X T R
Z A Z R L Y U W M W S N W M A
I D U E A R T Ă R U T S O P Ţ
C I A G R R E P E T I Ţ I E I
Ă Ţ L R U M H A C R I T M I E
C I T A T M I J C X C U S Ţ K
U O A F L E I Ș N A T U X O G
L N M I U O X N C A D T T M M
T A W E C C Z P N A V E Ţ E G
U L K H I H X R R F R K M X I
R N G Q S F F O L E S E V I X
Ă Q S N A O D C L P S Z F E E
Z W Y M L D C X M B J I T N S
N X Y O C T M Q T R R S V C J
```

ACADEMIE
MIȘCARE
VESEL
COREGRAFIE
CULTURAL
CULTURĂ
EMOȚIE
EXPRESIV
GRAȚIE
POSTURĂ

CLASIC
ARTĂ
CORP
MUZICĂ
PARTENER
REPETIȚIE
RITM
TRADIȚIONAL
VIZUAL

# 29 - Ziekte

```
P  S  T  J  C  I  N  O  R  C  O  S  V  Y  B
I  U  E  J  A  U  M  W  T  S  A  I  K  D  A
N  O  R  E  V  Y  A  U  R  S  S  N  R  T  C
G  V  A  I  N  I  M  Ă  N  O  E  U  G  J  T
Q  C  P  J  G  V  K  A  Z  I  E  S  C  G  E
C  N  I  A  O  L  Z  A  I  G  T  U  C  A  R
K  O  E  M  B  A  L  S  Ţ  A  A  A  I  U  I
L  C  R  Q  Z  D  Y  U  L  T  T  Ţ  T  T  A
U  H  F  P  X  Ţ  O  L  W  N  Ă  Ţ  E  E  N
S  I  N  D  R  O  M  M  L  O  N  K  N  O  K
A  L  E  R  G  I  I  Z  I  C  Ă  M  E  M  K
E  I  T  A  P  O  R  U  E  N  S  O  G  M  P
I  R  I  T  A  R  E  R  P  V  A  I  P  Q  Q
Ţ  T  E  R  E  D  I  T  A  R  H  L  S  Z  N
R  E  S  P  I  R  A  T  O  R  I  I  I  B  L
```

| | |
|---|---|
| ACUT | SĂNĂTATE |
| RESPIRATORII | INIMĂ |
| ALERGII | IMUNITATE |
| BACTERIAN | CORP |
| CONTAGIOS | NEUROPATIE |
| OASE | IRITARE |
| ABDOMINAL | SINUS |
| CRONIC | SINDROM |
| EREDITAR | TERAPIE |
| GENETIC | SLAB |

# 30 - Mythologie

```
N C A D M V R H X V C F A E N
E U R E L U T O R U E Ă A Q D
M L H Z A X R T N E R P V J H
U T E A B F N I S L R T M M T
R U T S I C U Y T U B U Q P N
I R I T R I R I S O V R U X E
R Ă P R I Z T E H R R Ă E H M
E T D U N C S A A E R O I N A
V H V N T N Y F R P L D R T
R F S M E J O B U Q E C P K R
D V K Y W G M O L T U N E T O
F J S G N A E O G P S U O T P
T W R E I Z O L E G G H Z Z M
H F V T Ă R I E R M T Ţ I S O
R Ă Z B O I N I C E O Ţ P W C
```

ARHETIP
FULGER
CREARE
CULTURĂ
TUNET
LABIRINT
COMPORTAMENT
EROU
EROINA
CER

GELOZIE
TĂRIE
RĂZBOINIC
LEGENDĂ
MONSTRU
NEMURIRE
DEZASTRU
MURITOR
FĂPTURĂ

# 31 - Eten #1

```
S  U  P  Ă  P  A  E  C  Z  M  M  H  W  L  C
S  L  X  O  N  P  I  C  Ţ  O  Ţ  V  C  U  S
P  P  J  O  N  U  Z  P  Z  R  O  F  A  Z  S
A  X  A  R  F  S  Ş  Q  N  C  K  S  R  A  A
V  F  Ţ  N  Ţ  A  S  P  H  O  G  C  N  B  L
T  O  N  Q  A  R  F  D  Ă  V  L  O  E  V  A
H  N  D  Z  C  C  I  B  J  C  C  R  R  S  T
X  M  M  R  I  O  H  P  R  T  K  Ţ  A  V  Ă
A  A  N  P  A  I  X  Q  C  N  U  I  S  Z  P
A  R  J  I  M  U  K  E  S  O  S  Ş  T  A  Ţ
S  V  A  H  G  S  M  L  P  O  T  O  Q  H  J
V  I  N  H  R  U  F  A  W  X  U  A  W  Ă  E
Z  P  V  O  I  B  E  P  H  S  R  R  E  R  T
P  A  R  Ă  W  D  D  T  K  N  O  Ă  Z  S  E
C  A  I  S  Ă  U  Ă  E  A  E  I  Â  M  Ă  L
```

CĂPȘUNĂ
CAISĂ
BUSUIOC
LĂMÂIE
ORZ
SCORȚIȘOARĂ
USTUROI
LAPTE
PARĂ
ARAHIDĂ

SALATĂ
SUC
SUPĂ
SPANAC
ZAHĂR
TON
CEAPĂ
CARNE
MORCOV
SARE

# 32 - Avontuur

```
D U D E N T U Z I A S M F Q S
E I I E M I R Ă C O V O R P U
S N F U X C T R Ț F V H U R R
T E I R U C U B N P P Ă M C P
I T C K D N U V R Y A Ț U Ă R
N E U A J O Ă R U T A N S L I
A I L J X U K Q S R Ț A E Ă N
Ț R T C U R A J M I Z R Ț T Z
I P A T H L A S Z J E U E O Ă
E Ț T N A V I G A R E G W R T
Z X E Q K M H M J S Ă I K I O
P R E G Ă T I R E A M S I I R
T U N P E R I C U L O S N U R
N E O B I Ș N U I T F F I A V
A C T I V I T A T E W W D D Ș
```

ACTIVITATE
DESTINAȚIE
ENTUZIASM
EXCURSIE
PERICULOS
ȘANSĂ
CURAJ
DIFICULTATE
NATURĂ
NAVIGARE

NOU
NEOBIȘNUIT
CĂLĂTORII
FRUMUSEȚE
PROVOCĂRI
SIGURANȚĂ
SURPRINZĂTOR
PREGĂTIREA
BUCURIE
PRIETENI

# 33 - Restaurant #2

```
Q  V  D  L  A  G  J  S  B  R  G  S  L  B  I
J  M  E  T  Ş  E  P  E  B  I  B  A  O  Ă  X
M  A  L  N  A  G  U  L  E  O  V  O  J  U  R
J  V  I  J  U  O  L  M  C  U  C  D  O  T  J
H  T  C  U  R  F  H  Q  Ţ  Ă  I  G  R  U  O
K  R  I  A  X  P  E  K  O  P  N  C  Z  R  N
V  O  O  C  P  C  V  E  K  A  A  O  L  Ă  T
G  T  S  X  W  E  M  U  G  E  L  N  I  C  T
F  H  M  Ă  J  R  R  S  A  H  J  D  N  R  N
B  Z  E  T  S  A  E  I  U  J  M  I  G  U  U
J  N  U  A  C  S  N  M  T  P  Y  M  U  F  L
F  Â  X  L  Ţ  T  L  G  M  I  Ă  E  R  Q  F
P  R  D  A  V  Ă  E  A  P  R  V  N  Ă  L  Z
A  P  Q  S  X  F  H  I  A  Ţ  W  T  X  Ţ  M
T  E  C  Z  J  Y  C  N  O  M  N  E  B  B  Y
```

TORT
CINA
BĂUTURĂ
OUĂ
FRUCT
LEGUME
DELICIOS
GHEAŢĂ
LINGURĂ
PRÂNZ

CHELNER
SALATĂ
SUPĂ
CONDIMENTE
SCAUN
PEŞTE
APERITIV
FURCĂ
APĂ
SARE

# 34 - De Media

```
W  G  R  S  E  Z  Y  L  O  C  A  L  D  Ţ  A
K  O  A  T  T  D  M  I  O  I  E  L  I  C  T
B  N  W  Z  P  F  I  L  X  D  Ţ  C  G  O  I
C  R  A  N  A  E  N  Ţ  R  I  E  P  I  M  T
I  O  E  E  F  F  J  O  I  X  R  L  T  E  U
L  I  M  N  E  T  S  I  V  E  R  O  A  R  D
B  N  I  U  Ţ  O  P  I  N  I  E  Ă  L  C  I
U  D  N  I  N  Y  D  Z  M  F  Y  S  Y  I  N
P  I  D  Z  E  I  Ţ  A  C  U  D  E  Y  A  I
A  V  U  I  M  O  C  M  M  E  G  R  O  L  Q
U  I  S  V  N  Y  O  A  F  P  B  P  Q  W  K
K  D  T  E  L  C  Ţ  F  R  R  A  D  I  O  R
Y  U  R  L  L  A  U  T  C  E  L  E  T  N  I
Y  A  I  E  F  I  N  A  N  Ţ  A  R  E  A  V
C  L  E  T  O  N  L  I  N  E  M  R  J  V  D
```

| | |
|---|---|
| COMERCIAL | PRESĂ |
| COMUNICARE | LOCAL |
| DIGITAL | OPINIE |
| EDIŢIE | REŢEA |
| FAPTE | EDUCAŢIE |
| FINANŢAREA | ONLINE |
| ATITUDINI | PUBLIC |
| INDIVIDUAL | RADIO |
| INDUSTRIE | TELEVIZIUNE |
| INTELECTUAL | REVISTE |

# 35 - Bijen

```
P  Ț  X  G  I  I  F  L  O  R  I  U  I  U  V
A  O  B  E  N  E  F  I  C  D  T  V  C  H  W
L  G  L  C  B  X  W  H  H  A  B  I  T  A  T
I  R  F  E  T  A  T  I  S  R  E  V  I  D  J
M  Ă  U  S  N  E  C  O  S  I  S  T  E  M  N
E  D  M  O  R  E  G  I  N  Ă  Y  A  O  L  L
N  I  R  A  Ț  N  P  Y  C  P  F  K  W  C  C
T  N  O  R  O  T  A  Z  I  N  E  L  O  P  H
E  Ă  W  E  T  N  A  L  P  E  L  Q  Z  A  B
I  N  S  E  C  T  Ă  R  C  X  M  I  E  R  E
K  P  X  P  V  T  O  F  I  E  K  N  O  S  Y
X  J  Ț  V  P  T  H  R  I  P  A  T  C  L  F
R  W  O  I  E  T  Y  U  L  Q  I  R  B  W  A
S  J  K  V  I  W  F  C  S  O  Z  C  Ă  U  G
D  B  B  R  O  I  M  T  J  B  Ț  S  T  U  P
```

| | |
|---|---|
| POLENIZATOR | PLANTE |
| STUP | FUM |
| FLORI | POLEN |
| DIVERSITATE | GRĂDINĂ |
| ECOSISTEM | ARIPI |
| FRUCT | ALIMENTE |
| HABITAT | BENEFIC |
| MIERE | CEARĂ |
| INSECTĂ | SOARE |
| REGINĂ | ROI |

# 36 - Wandelen

```
G K L U C P A R C U R I C G D
G C C L G L S T Â N C Ă A R Q
G X I O S D I J L V A O M E O
D W D M C Z I M Z F L B P U J
I U S X I E L X A T O O I W B
R Ă R U T A N D Q T V S N X L
A N I M A L E T N U M I G Y U
Ț F T L B W R L Z A X T U L Q
N P M L L Q A N O C I Z M E Q
Â I Z R Ă Q O M R C G Ț F U S
Ț E C V S R S I J Y I Z L K U
F T A A E R I T Ă G E R P C M
L R P O R I E N T A R E E A M
O E Ă T R A H Z D W H A Y P I
Ț Q A G J E X Y R U T Y R V T
```

| | |
|---|---|
| MUNTE | NATURĂ |
| ANIMALE | ORIENTARE |
| PERICOLE | PARCURI |
| HARTĂ | PIETRE |
| CAMPING | SUMMIT |
| STÂNCĂ | PREGĂTIREA |
| CLIMAT | APĂ |
| CIZME | SĂLBATIC |
| OBOSIT | SOARE |
| ȚÂNȚARI | GREU |

# 37 - Ecologie

```
A  W  L  X  U  C  Ă  I  D  M  J  H  S  N  M
P  L  A  N  T  E  L  R  Ă  N  U  A  F  A  L
T  J  B  Y  Y  I  I  I  N  J  D  B  L  T  A
J  M  O  G  H  C  B  S  M  Y  X  I  O  U  Ș
F  A  L  U  H  E  A  T  E  A  E  T  R  R  T
C  R  G  V  Z  P  R  L  I  C  T  A  Ă  Ă  I
O  I  V  A  V  S  U  O  L  Y  E  T  F  Ţ  N
M  N  O  R  S  L  D  X  J  G  R  T  T  Y  Ă
U  W  L  I  Ţ  S  E  A  Y  R  N  E  Ă  Y  X
N  M  U  E  N  G  L  A  C  P  S  K  G  E  J
I  Q  N  T  D  I  V  E  R  S  I  T  A  T  E
T  A  T  A  I  D  A  Y  H  H  E  D  U  F  Y
Ă  U  A  T  K  L  W  F  X  X  Y  R  G  H  T
Ţ  U  R  E  I  Ţ  A  T  E  G  E  V  I  J  I
I  W  I  Z  M  Y  D  Z  B  U  Q  S  C  F  O
```

| | |
|---|---|
| DIVERSITATE | MARIN |
| SECETĂ | MLAȘTINĂ |
| DURABILĂ | NATURĂ |
| FAUNĂ | FIRESC |
| FLORĂ | PLANTE |
| COMUNITĂȚI | SPECIE |
| GLOBAL | VARIETATE |
| HABITAT | VEGETAȚIE |
| CLIMAT | VOLUNTARI |

# 38 - Biologie

```
E  Ţ  A  T  U  M  H  O  R  M  O  N  S  S
P  M  O  Z  O  M  O  R  C  W  G  D  G  F  I
F  R  B  F  O  T  O  S  I  N  T  E  Z  Ă  N
N  I  O  R  J  V  E  V  O  L  U  Ţ  I  E  A
E  C  R  T  I  M  A  M  I  F  E  R  P  I  P
U  X  Q  E  E  O  L  Z  Q  X  Z  Q  C  Ţ  S
R  M  Ţ  W  S  I  N  E  G  A  L  O  C  A  Ă
O  J  B  S  V  C  N  H  E  B  O  R  R  R  M
N  T  H  N  D  B  V  Ă  S  O  S  E  W  I  I
W  F  H  N  C  E  L  U  L  Ă  M  P  Q  P  Z
S  I  M  B  I  O  Z  Ă  H  O  O  T  M  S  N
V  Q  M  M  L  A  H  Q  J  D  Z  I  N  E  E
F  Q  E  Ţ  N  S  B  V  Q  L  Ă  L  E  R  I
T  X  P  I  Q  C  J  C  B  O  Ţ  Ă  R  Q  Q
L  M  U  A  N  A  T  O  M  I  E  I  V  S  H
```

RESPIRAŢIE      HORMON
ANATOMIE        MUTAŢIE
CELULĂ          FIRESC
CROMOZOM        NEURON
COLAGEN         OSMOZĂ
PROTEINĂ        REPTILĂ
EMBRION         SIMBIOZĂ
ENZIMĂ          SINAPSĂ
EVOLUŢIE        NERV
FOTOSINTEZĂ     MAMIFER

# 39 - Landen #1

```
R S A U G A R A C I N B E C L
U O E J G E L I H C G E N A I
T T M N C O R A M L V L O M B
M G T Â E T Q M T J M G R B I
Q N Z U N G H C A P A I V O A
Y K K Y H I A T M N W A E D I
I S R A E L A L A G I T G G L
R W F T E K I A N T V A I I A
O T A V W E N S A A O I A A T
O Q O U G P O N P S E L I I I
W H G V R Z T P I G E I N N E
C A N A D A E I R A K Z A O O
I Y R Z U F L J L S E A P L A
B K F N H J R U N Q B R S O U
J F F C T Y U F P Q R B T P B
```

BELGIA
BRAZILIA
CAMBODGIA
CANADA
CHILE
GERMANIA
EGIPT
IRAK
ISRAEL
ITALIA

LETONIA
LIBIA
MAROC
NICARAGUA
NORVEGIA
PANAMA
POLONIA
ROMÂNIA
SENEGAL
SPANIA

# 40 - Installaties

```
Q W Z R I B R M U H S G S P Î
B A C Ă E I A V C Ă U R S Z N
Z P A Q D A R M X Z L Ă E F G
Z K P Ţ E R T Y B N T D U L R
V Y O W R B J Q U U L I F O Ă
K J C Ţ Ă Ă Y F Q R S N R A Ş
B O T A N I C Ă P F N Ă U R Ă
F L O R Ă T I E O Ă B F N E M
J C H N E U C N X W D D Z S Â
I O F C N F U E J D T U E I N
H X T J C I M U Ş C H I R F T
K L Z N D Ş C A C T U S V E O
R R J X D V E G E T A Ţ I E L
F F A S O L E T Ş E R C B D A
Z P W Ţ R Ă D Ă C I N Ă A F W
```

BAMBUS

BACĂ

FRUNZĂ

FLOARE

COPAC

FASOLE

PĂDURE

CACTUS

FLORĂ

FRUNZE

IARBĂ

CREȘTE

IEDERĂ

ÎNGRĂȘĂMÂNT

MUȘCHI

BOTANICĂ

TUFIȘ

GRĂDINĂ

VEGETAȚIE

RĂDĂCINĂ

# 41 - Agronomie

```
C  M  B  X  Ț  P  Y  T  B  W  C  Z  E  E  Î
B  P  M  P  L  A  R  U  R  S  F  M  N  C  N
S  E  M  I  N  Ț  E  O  D  D  S  A  E  O  G
G  R  I  E  I  Y  M  X  D  N  P  S  R  L  R
A  A  O  R  G  A  N  I  C  U  M  B  G  O  Ă
C  C  D  P  C  T  H  L  I  I  C  Ă  I  G  Ș
R  I  U  O  Y  E  T  O  X  D  V  Ț  E  I  Ă
E  F  R  L  J  C  R  B  Ț  E  C  N  I  E  M
Ș  I  A  U  D  A  C  C  N  M  J  I  C  E  Â
T  T  B  A  P  W  Q  A  E  K  S  I  J  M  N
E  N  I  R  Z  W  Y  K  B  T  X  T  E  U  T
R  E  L  E  L  A  L  V  F  O  A  Ș  U  G  G
E  D  Ă  F  S  I  S  T  E  M  E  R  N  E  D
N  I  M  I  B  E  N  U  I  Z  O  R  E  L  H
A  G  R  I  C  U  L  T  U  R  Ă  P  A  E  U
```

| | |
|---|---|
| DURABILĂ | MEDIU |
| ECOLOGIE | CERCETARE |
| ENERGIE | ORGANIC |
| EROZIUNE | PRODUCȚIE |
| CREȘTERE | SISTEME |
| LEGUME | POLUARE |
| IDENTIFICARE | APĂ |
| AGRICULTURĂ | ȘTIINȚĂ |
| RURAL | SEMINȚE |
| ÎNGRĂȘĂMÂNT | BOLI |

# 42 - Oceaan

```
F  P  D  V  C  Q  T  I  V  A  Y  G  I  Ţ  Y
U  Z  S  E  O  V  U  Q  A  O  C  Q  A  U  P
R  E  F  T  L  E  Ă  H  L  B  A  R  C  Ă  E
T  I  Q  Q  H  F  Ţ  A  U  R  E  C  I  F  Ş
U  D  G  P  F  T  I  J  R  N  A  V  A  N  T
N  I  H  C  E  R  T  N  I  K  N  Ţ  E  G  E
Ă  R  Z  R  Y  R  A  C  B  U  R  E  T  E  Z
L  T  N  F  P  D  C  B  P  Z  G  Y  K  N  U
I  S  E  C  Ţ  O  A  T  A  S  J  C  R  A  D
H  Ţ  R  V  X  J  R  Z  A  L  F  O  D  X  E
G  S  U  I  E  R  A  S  J  Z  E  Z  B  A  M
N  O  T  M  Y  R  C  Y  Q  V  P  N  F  M  A
A  X  X  Z  H  B  C  A  H  J  F  O  Ă  V  J
U  L  V  Ţ  M  A  R  E  E  C  O  R  A  L  T
C  R  A  B  R  K  Q  N  A  L  G  E  Ţ  R  Y
```

| | |
|---|---|
| ANGHILĂ | MEDUZE |
| ALGE | CARACATIȚĂ |
| BARCĂ | STRIDIE |
| DELFIN | RECIF |
| CREVETĂ | BURETE |
| MAREE | FURTUNĂ |
| VALURI | TON |
| RECHIN | PEŞTE |
| CORAL | BALENĂ |
| CRAB | SARE |

# 43 - Landen #2

```
I R L A N D A R U S I A K G C
L N B Y Y W I H T D A I E R E
A I I J J P M B Q C Z Z N E T
P B B G A I R E B I L E Y C I
E K U A E P A L B X O A A I O
N X S I N R O X H E J L J A P
H M J Z B E I N L M A A V H I
M G H E K D G A I L A M O S A
M J P N P Z I S K A J Y V O R
T T G O M G P G B X W L A A A
K O Y D D A N E M A R C A L F
T E F N E E S Q S F R A N T A
J H U I U C R A I N A I R I S
P N A H C E K C D A A J O H L
U G A N D A M K M M H J B M D
```

| | |
|---|---|
| DANEMARCA | LIBERIA |
| ETIOPIA | MALAEZIA |
| FRANŢA | MEXIC |
| GRECIA | NEPAL |
| IRLANDA | NIGERIA |
| INDONEZIA | UGANDA |
| JAPONIA | UCRAINA |
| KENYA | RUSIA |
| LAOS | SOMALIA |
| LIBAN | SIRIA |

# 44 - Landschappen

```
P  R  Z  R  H  N  E  Ț  K  L  R  G  P  I  G
O  E  T  N  U  M  Z  R  R  A  G  H  E  V  H
V  R  Ș  K  C  F  B  P  O  C  G  E  N  V  E
D  A  U  T  S  L  H  H  L  A  T  Ț  I  R  I
K  M  R  W  E  V  T  D  A  A  Q  A  N  Y  Z
D  T  P  E  F  R  R  K  E  G  J  R  S  Ț  E
I  U  D  K  A  F  Ă  C  D  Y  G  Ă  U  M  R
G  N  A  C  L  U  V  Ț  Z  M  I  L  L  O  T
Ă  D  A  C  S  A  C  V  A  L  E  U  Ă  D  N
G  R  E  B  S  I  A  S  W  R  A  S  Z  T  U
I  Ă  N  I  T  Ș  A  L  M  Y  E  N  A  N  V
R  S  C  J  V  X  O  C  E  A  N  I  O  B  N
I  Â  D  E  Ș  E  R  T  T  Z  Ț  O  L  K  X
L  M  U  L  G  F  T  M  T  U  G  S  T  R  D
K  Y  Y  J  E  Z  P  N  J  S  D  P  Q  G  L
```

MUNTE

INSULĂ

GHEIZER

GHEȚAR

PEȘTERĂ

DEAL

AISBERG

LAC

MLAȘTINĂ

OAZĂ

OCEAN

RÂU

PENINSULĂ

PLAJĂ

TUNDRĂ

VALE

VULCAN

CASCADĂ

DEȘERT

MARE

# 45 - Tuin

```
I  C  A  O  W  G  G  V  W  Y  W  B  O  Y  N
F  A  D  Ă  T  A  P  O  L  M  L  F  E  Y  P
B  P  R  L  X  R  T  E  S  B  Q  Ș  W  D  M
M  O  A  B  W  A  M  E  W  H  V  I  Q  C  U
L  C  G  E  Ă  J  N  U  T  R  U  F  P  W  G
O  B  R  R  N  K  U  I  N  E  I  U  R  U  B
V  P  J  G  I  Z  I  H  T  Ţ  R  T  Q  G  D
E  F  M  W  D  G  X  U  N  O  Z  A  G  L  L
R  I  Z  D  Ă  D  A  V  I  L  A  U  S  Z  F
A  V  R  B  R  H  G  H  Z  L  I  Ţ  P  Ă  L
N  A  O  E  G  Z  A  S  Y  S  O  L  U  C  O
D  I  I  Y  H  S  R  M  V  L  Q  E  Q  N  A
Ă  Q  C  P  E  Q  Y  H  A  O  X  V  Z  A  R
C  E  X  L  U  M  U  V  C  C  K  H  V  B  E
T  R  A  M  B  U  L  I  N  Ă  A  O  L  L  M
```

| | |
|---|---|
| BANCĂ | GARD |
| FLOARE | BURUIENI |
| SOL | LOPATĂ |
| COPAC | FURTUN |
| LIVADĂ | TUFIȘ |
| GARAJ | TERASĂ |
| GAZON | TRAMBULINĂ |
| IARBĂ | GRĂDINĂ |
| HAMAC | VERANDĂ |
| GREBLĂ | IAZ |

# 46 - Beroepen #2

```
J  I  L  U  S  T  R  A  T  O  R  X  G  C  F
K  U  B  I  B  L  I  O  T  E  C  A  R  E  O
Ţ  G  R  O  S  E  F  O  R  P  G  Q  U  R  T
R  D  W  N  I  M  E  D  I  C  R  Q  R  C  O
V  P  X  U  A  Z  Y  U  W  A  Ă  I  I  E  G
X  Y  K  O  A  L  N  K  N  S  D  T  H  T  R
Q  Q  L  A  I  Z  I  W  E  T  I  E  C  Ă  A
F  I  L  O  Z  O  F  S  P  R  N  L  Y  T  F
F  Q  I  M  V  M  D  F  T  O  A  I  Y  O  Q
B  E  O  U  W  W  D  S  C  N  R  N  Y  R  G
Ţ  I  R  E  N  I  G  N  I  A  C  G  C  T  G
C  V  O  M  G  V  I  C  U  U  J  V  L  I  V
E  T  O  L  I  P  L  R  O  T  C  I  P  L  Z
N  O  B  T  O  E  G  J  J  W  L  S  O  B  B
I  Y  G  M  X  G  R  Ţ  T  S  I  T  N  E  D
```

| | |
|---|---|
| MEDIC | INGINER |
| ASTRONAUT | JURNALIST |
| BIBLIOTECAR | PROFESOR |
| BIOLOG | LINGVIST |
| FERMIER | CERCETĂTOR |
| CHIRURG | PILOT |
| FILOZOF | PICTOR |
| FOTOGRAF | DENTIST |
| ILUSTRATOR | GRĂDINAR |

# 47 - Dagen en Maanden

```
N  T  D  Ţ  T  C  Y  P  Q  K  U  U  K  I  I
A  I  U  L  I  E  Q  E  I  N  U  I  E  R  A
S  U  S  Ţ  D  Z  Ţ  I  N  A  Q  E  J  G  N
E  Ă  G  A  F  E  B  R  U  A  R  I  E  X  U
G  N  P  U  H  W  X  B  L  D  A  R  I  B  A
C  U  M  T  S  U  W  M  T  U  D  B  R  X  R
P  L  D  A  Ă  T  N  E  C  M  N  M  B  M  I
Y  R  A  L  H  M  O  I  T  I  E  E  M  A  E
P  S  Y  D  U  V  Â  O  Q  N  L  T  O  R  J
K  I  A  T  J  K  I  N  Q  I  A  P  T  Ţ  F
X  Y  R  Ţ  O  J  E  P  Ă  C  C  E  C  I  X
O  A  F  E  I  T  R  A  M  Ă  J  S  O  K  F
Q  V  R  Q  N  H  F  Z  M  Y  L  H  M  C  O
Y  P  R  I  V  I  R  U  C  R  E  I  M  I  V
B  V  X  P  G  Y  V  S  Â  M  B  Ă  T  Ă  J
```

| | |
|---|---|
| AUGUST | LUNI |
| MARŢI | MARTIE |
| JOI | NOIEMBRIE |
| FEBRUARIE | OCTOMBRIE |
| AN | SEPTEMBRIE |
| IANUARIE | VINERI |
| IULIE | SĂPTĂMÂNĂ |
| IUNIE | MIERCURI |
| CALENDAR | SÂMBĂTA |
| LUNĂ | DUMINICĂ |

# 48 - Beeldende Kunsten

```
F  Ș  S  X  T  V  C  M  F  S  A  C  A  L  O
R  O  E  W  B  C  R  B  C  C  R  R  R  J  U
T  L  T  V  U  R  E  V  Ă  U  H  E  U  B  E
Ă  O  W  O  A  F  T  H  R  L  I  I  T  C  K
C  H  Ă  I  G  L  Ă  E  B  P  T  O  C  R  M
I  P  V  A  V  R  E  D  U  T  E  N  I  E  P
M  L  I  F  F  H  A  T  N  U  C  H  P  A  F
A  T  T  B  E  P  H  F  E  R  T  F  G  T  M
R  Ă  C  J  A  H  X  V  I  Ă  U  D  Z  I  P
E  R  E  A  R  G  I  L  Ă  E  R  H  Q  V  H
C  A  P  O  D  O  P  E  R  Ă  Ă  R  R  I  N
Ț  E  S  P  O  R  T  R  E  T  U  E  Z  T  R
A  C  R  A  R  T  I  S  T  D  C  I  R  A  Y
L  F  E  I  Ț  I  Z  O  P  M  O  C  T  T  A
A  N  P  E  A  U  B  P  I  R  T  H  N  E  K
```

| | |
|---|---|
| ARHITECTURĂ | CRETĂ |
| ARTIST | CAPODOPERĂ |
| SCULPTURĂ | PIX |
| CREATIVITATE | PERSPECTIVĂ |
| ȘEVALET | PORTRET |
| FILM | CREION |
| FOTOGRAFIE | COMPOZIȚIE |
| CĂRBUNE | PICTURA |
| CERAMICĂ | LAC |
| ARGILĂ | CEARĂ |

# 49 - Mode

```
B  Ă  Ţ  N  I  D  N  E  T  Y  E  Î  A  P  V
X  R  L  O  G  K  J  L  I  J  M  M  P  N  R
J  U  O  T  N  A  G  E  L  E  L  B  J  C  C
Z  T  Y  D  Z  L  V  D  B  D  I  R  N  O  Z
H  X  M  I  E  N  A  O  T  U  B  Ă  Ţ  N  Y
K  E  P  O  M  R  O  M  Y  L  I  C  E  F  A
K  T  M  R  D  L  I  T  S  P  S  Ă  S  O  F
E  Z  B  H  A  E  Z  E  T  M  E  M  Ă  R  B
G  X  K  F  D  C  S  U  M  I  C  I  T  T  U
U  S  W  D  R  I  T  T  S  S  C  N  U  A  T
P  P  L  A  N  I  G  I  R  O  A  T  R  B  I
D  A  N  T  E  L  Ă  Ţ  C  O  X  E  Ă  I  C
M  I  N  I  M  A  L  I  S  T  F  E  N  L  B
U  N  D  P  Y  Ţ  A  V  K  K  S  C  U  M  P
C  N  Z  U  A  G  Z  M  O  D  E  R  N  L  S
```

MODEST
ACCESIBIL
BRODERIE
CONFORTABIL
SCUMP
SIMPLU
ELEGANT
DANTELĂ
ÎMBRĂCĂMINTE
BUTOANE

MINIMALIST
MODERN
ORIGINAL
MODEL
PRACTIC
STIL
ŢESĂTURĂ
TEXTURĂ
TENDINŢĂ
BUTIC

# 50 - Menselijk Lichaam

```
S  T  O  M  A  C  Z  I  G  J  E  Q  R  Z  N
P  E  K  A  K  K  G  N  U  S  T  B  P  R  A
X  G  T  I  E  P  R  Ă  M  U  Ţ  M  A  E  S
P  E  B  H  V  E  O  N  F  N  R  X  B  I  M
T  D  Z  C  I  N  I  M  Ă  R  U  G  M  E  S
J  J  W  N  F  Ţ  C  M  B  W  S  I  U  R  J
Y  T  L  U  Q  T  I  F  M  W  K  I  C  C  I
Z  S  Â  N  G  E  P  Z  I  E  O  Q  O  O  X
M  M  A  E  K  I  H  I  L  C  P  O  B  T  N
V  Â  R  G  X  B  P  C  E  G  L  E  Z  N  Ă
V  A  N  X  X  R  Y  M  E  L  H  Y  O  O  I
H  T  U  Ă  U  Ă  Y  G  M  R  E  D  P  N  R
Z  Ţ  U  L  H  B  H  Â  C  P  U  P  H  S  L
V  Y  K  T  Q  Q  R  T  F  A  L  C  Ă  G  V
X  E  F  Ţ  I  W  Y  V  Y  C  C  F  T  U  K
```

| | |
|---|---|
| PICIOR | BĂRBIE |
| SÂNGE | GENUNCHI |
| COT | STOMAC |
| GLEZNĂ | GURĂ |
| MÂNĂ | GÂT |
| INIMĂ | NAS |
| CREIER | URECHE |
| CAP | UMĂR |
| PIELE | LIMBĂ |
| FALCĂ | DEGET |

# 51 - Energie

```
A B U R W P N H X V U B C L G
C X I A A Ă N I B R U T Ă W D
O B D E H A N D V E K B L O A
M T E L J W W R T L A M D V S
B B M C S X Q O W E G E U F Ă
U E I U B A T G T C K I R V N
S N P N F A C E W T P P Ă N I
T Z R O A O T N P R M O T O R
I I A B J I T E S I Y R N R O
B N Q R E H H O R C V T Â T T
I Ă G A L G E P N I J N V C O
L E J C F D G V V H E E J E M
R E G E N E R A B I L E F L Y
P O L U A R E H D W F F A E W
I Q R P I N D U S T R I E I A
```

BATERIE
BENZINĂ
COMBUSTIBIL
MOTORINĂ
ELECTRIC
ELECTRON
ENTROPIE
FOTON
REGENERABILE
INDUSTRIE

CARBON
MOTOR
NUCLEAR
MEDIU
ABUR
TURBINĂ
POLUARE
CĂLDURĂ
HIDROGEN
VÂNT

# 52 - Familie

```
P A T E R N T O P E N K A V B
I U Y Q A T A C I I F S Z J S
Z O I O L Z T S I J Ț I T A O
W X I Z I A Ă F T H G H Q U Z
C O P I L Ă R I E R A J I F W
S B X I G P H V T T Ă F M M R
I U A P J I Y Ț A E T M K G R
Z N Ț O Z G X Ă R V A R O S I
Ț I Z C O U B Ș F E O I L Ș M
M C Z Q W U L U U X P U R M H
U N Ț V G N M T N N E L H K L
S O Ț I E C K Ă C I N A W M H
J B W K Ț H Q M K L C V M A Q
Z Q Q U N I N E M E G A I M W
X Y W J C O P I L U Ț O S Ă M
```

| | |
|---|---|
| FRATE | UNCHI |
| FIICA | BUNIC |
| BUNICA | MĂTUȘĂ |
| COPILĂRIE | GEMENI |
| COPIL | TATĂ |
| COPII | PATERN |
| NEPOT | STRĂMOȘ |
| SOȚUL | SOȚIE |
| MAMĂ | SORA |
| NEPOATĂ | |

# 53 - Gebouwen

```
G  B  C  J  P  T  W  F  B  H  U  P  Z  A  C
A  Q  N  M  S  P  C  P  P  L  A  X  X  Ţ  O
N  P  J  Ţ  V  X  P  G  E  Q  M  M  C  E  R
Ţ  O  T  H  X  A  F  M  U  Z  E  U  B  T  T
D  T  E  I  A  M  V  J  R  Ă  N  I  B  A  C
C  N  K  C  E  B  V  T  T  Ţ  I  S  S  T  R
F  E  R  M  Ă  A  E  Z  A  C  C  T  P  I  O
C  M  A  U  N  S  F  H  E  U  X  A  I  S  T
Z  A  M  Ş  T  A  I  A  T  X  P  D  T  R  A
S  T  R  C  D  D  F  Y  B  A  P  I  A  E  R
G  R  E  O  Q  Ă  D  P  O  R  H  O  L  V  O
D  A  P  A  C  A  S  T  E  L  I  N  Z  I  B
O  P  U  L  H  O  T  E  L  G  P  C  M  N  A
G  A  S  Ă  Z  C  Ţ  T  L  I  K  Z  Ă  U  L
T  O  B  S  E  R  V  A  T  O  R  V  A  C  J
```

AMBASADĂ
APARTAMENT
CINEMA
FERMĂ
CABINĂ
FABRICĂ
HOTEL
CASTEL
LABORATOR
MUZEU

OBSERVATOR
ŞCOALĂ
HAMBAR
STADION
SUPERMARKET
CORT
TEATRU
TURN
UNIVERSITATE
SPITAL

# 54 - Beroepen #1

```
V Z B K Y O S A N L J R C A B
A E L Ţ X X A T Q Ţ H J S A
M M T D N E I I S L N I R T N
B U R E I T U J I B E R B R C
A Z A R R S D E N D H T N O H
S I V N O I O Z A Z O A J N E
A C O F T L N M I B P C R O R
D I C A A P H A P Q W B T M M
O A A G S Z F U R E I P M O P
R N T V N V Â N Ă T O R E M R
V X B T A F A R M A C I S T M
B W D Z D C A R T O G R A F G
G E O L O G O L O H I S P I T
E D I T O R S K L L K S C Z G
I N S T A L A T O R I Y D J H
```

| | |
|---|---|
| AVOCAT | DOCTOR |
| AMBASADOR | EDITOR |
| FARMACIST | GEOLOG |
| ASTRONOM | VÂNĂTOR |
| ATLET | BIJUTIER |
| BANCHER | INSTALATOR |
| POMPIER | MUZICIAN |
| CARTOGRAF | PIANIST |
| DANSATOR | PSIHOLOG |
| VETERINAR | |

# 55 - Antarctica

```
Ț  G  W  S  R  O  U  P  E  N  Z  D  Z  Y  O
A  E  A  A  A  P  Ș  E  I  Ț  A  R  G  I  M
S  O  R  P  G  E  T  I  Ț  N  Z  W  O  G  Q
A  G  U  E  Ă  N  I  F  I  H  G  T  F  S  S
B  R  T  B  Ț  I  I  A  D  H  L  U  V  O  E
C  A  A  C  A  N  N  R  E  Z  M  I  I  C  J
O  F  R  E  E  S  Ț  G  P  I  I  D  R  N  F
N  I  E  R  H  U  I  O  X  N  N  E  A  Â  I
T  E  P  C  G  L  F  P  E  S  E  M  Ț  T  R
I  U  M  E  Y  Ă  I  O  R  U  R  V  E  S  O
N  V  E  T  Q  V  C  T  I  L  A  C  H  F  N
E  K  T  Ă  N  Q  V  J  E  E  L  K  G  L  G
N  P  Q  T  W  E  R  A  V  R  E  S  N  O  C
T  P  L  O  S  X  H  C  H  Q  M  R  H  G  P
D  Y  K  R  K  O  U  E  W  Y  T  Z  V  G  J
```

| | |
|---|---|
| GOLF | MEDIU |
| CONSERVARE | CERCETĂTOR |
| CONTINENT | PINGUINI |
| INSULE | STÂNCOS |
| EXPEDIȚIE | PENINSULĂ |
| GEOGRAFIE | TEMPERATURA |
| GHEȚARI | TOPOGRAFIE |
| GHEAȚĂ | APĂ |
| MIGRAȚIE | ȘTIINȚIFIC |
| MINERALE | NORI |

# 56 - Ballet

```
I A V M T I R I Y J B R H I E
S T I L H E U V F G U X N N X
G N A H L I H C Ș U M X K T P
A P L A U Z E N Z N R S Z E R
N B U Y H N S O I Ț A R G N E
R K A T A T B J W C V S G S S
D E J L Q Y B K I V Ă I U I I
A P P H E P R A C T I C Ă T V
N J M E Ă R T S E H C R O A M
S U J I T C I L B U P V F T D
A R L G S I R N D N X E Z E H
T C B I E U Ț G Ă C I Z U M X
O D X O G L C I T S I T R A I
R N R J S R Ț X E F T R Y D A
I C O R E G R A F I E W Q L U
```

| | |
|---|---|
| APLAUZE | ORCHESTRĂ |
| ARTISTIC | PRACTICĂ |
| BALERINĂ | PUBLIC |
| COREGRAFIE | REPETIȚIE |
| DANSATORI | RITM |
| EXPRESIV | GRAȚIOS |
| GEST | MUȘCHI |
| INTENSITATE | STIL |
| MUZICĂ | TEHNICĂ |

# 57 - Fruit

```
Z P W P Q M O G N A M P P C A
W I W I K K C M E Q I H Y A N
F E G O W O D A C O V A N I A
S R U O M U Y Z T B A C Ă S N
O S M Ă R A J R A H M O R Ă A
C I P E P E N E R Y D G A Q S
O C S Y A O Q P I Y A Z P Q W
C Ă R U E M Z R N Y H P C M W
E Ș L V O G S U Ă N A N A B B
D A I X Ţ T S N M Z L I H P B
Ă E S H Ţ N Ţ Ă G W A D Z L M
C R L C B X O X L F M W F H Z
U I L A C O T R O P W K C F I
N C S T R U G U R I I I H V V P
M R B X L Ă M Â I E H L N C Q
```

| | |
|---|---|
| CAISĂ | KIWI |
| ANANAS | NUCĂ DE COCOS |
| MĂR | MANGO |
| AVOCADO | PEPENE |
| BANANĂ | NECTARINĂ |
| BACĂ | PORTOCALIU |
| LĂMÂIE | PAPAYA |
| STRUGURI | PARĂ |
| ZMEURĂ | PIERSICĂ |
| CIREAȘĂ | PRUNĂ |

# 58 - Engineering

```
C O N S T R U C Ț I E D N T K
F R E C A R E A D Â N C I M E
P S T A B I L I T A T E U P K
M O T O R I N Ă O Q U B W W M
S T R U C T U R A L N C E R D
T Z A X Ă D I A G R A M Ă S V
U Ă U R T E M A I D I H C I L
N Ț R A J I B A Z B V A D M U
G R O I B S M V Ș R E I E Ă C
H O T O E L Ț X Ț I O S N S L
I T O M B U X R O H N S E U A
P A M Q T P X Y K C M Ă R R C
Ț Ț L E K O H R V N Z T G A E
T I K B E R A C Ș I M S I R Z
Y E Q F L P R H P I Y B E E Z
```

| | |
|---|---|
| AXĂ | TĂRIE |
| CALCUL | MAȘINĂ |
| MIȘCARE | MĂSURARE |
| CONSTRUCȚIE | MOTOR |
| DIAGRAMĂ | ROTAȚIE |
| DIAMETRU | STABILITATE |
| ADÂNCIME | STRUCTURA |
| MOTORINĂ | LICHID |
| ENERGIE | PROPULSIE |
| UNGHI | FRECARE |

# 59 - Literatuur

```
N  P  T  N  A  M  O  R  G  Ţ  U  R  G  K  G
A  O  R  Ţ  N  F  I  C  Ţ  I  U  N  E  U  E
G  E  I  D  E  G  A  R  T  R  E  A  D  N  P
O  M  H  O  C  G  P  O  Ţ  C  V  U  U  F  O
I  V  N  R  D  X  Z  P  D  I  Q  T  N  H  E
S  Q  U  D  O  E  I  F  A  R  G  O  I  B  T
P  T  P  G  T  D  I  A  L  O  G  R  C  A  I
X  V  I  Y  Ă  R  O  F  A  T  E  M  O  N  C
R  S  T  L  M  M  Y  Z  X  C  I  R  N  A  A
P  O  G  E  E  S  I  B  K  E  N  I  C  L  N
O  A  D  L  T  I  X  R  G  G  I  T  L  O  A
C  O  M  P  A  R  A  Ţ  I  E  P  M  U  G  L
N  A  R  A  T  O  R  P  A  B  O  K  Z  I  I
Y  N  O  Z  R  P  Ţ  Z  B  E  O  C  I  E  Z
W  E  V  O  L  I  N  P  J  M  F  P  E  K  Ă
```

ANALOGIE
ANALIZĂ
ANECDOTĂ
AUTOR
BIOGRAFIE
CONCLUZIE
DIALOG
FICŢIUNE
POEM
OPINIE

METAFORĂ
POETIC
RIMĂ
RITM
ROMAN
STIL
TEMĂ
TRAGEDIE
COMPARAŢIE
NARATOR

# 60 - Boeken

```
F  I  A  M  V  C  F  A  P  K  J  P  F  E  B
O  P  U  F  H  Q  O  T  L  A  X  O  N  P  C
K  A  T  Y  X  I  E  Ț  I  H  L  E  A  I  K
P  G  O  K  Ț  C  Z  A  N  L  C  Z  O  C  P
V  Q  R  A  I  N  N  G  D  H  A  I  Ț  K  B
C  O  L  E  C  Ț  I  E  E  T  S  E  V  O  P
M  S  P  A  G  I  N  Ă  U  M  C  G  L  D  I
Ă  I  P  O  Y  A  Z  C  M  L  I  B  I  U  N
N  R  O  T  I  T  I  C  O  E  R  W  T  A  V
A  C  U  N  K  C  S  G  R  W  O  I  E  L  E
R  S  M  T  X  E  T  N  O  C  T  P  R  I  N
A  D  L  Y  N  A  M  O  R  Ț  S  X  A  T  T
T  W  Ț  J  D  E  H  A  C  R  I  Z  R  A  I
O  B  R  E  L  E  V  A  N  T  B  Z  D  T  V
R  D  H  A  C  I  G  A  R  T  Ț  M  J  E  P
```

AUTOR
AVENTURĂ
PAGINĂ
COLECȚIE
CONTEXT
DUALITATE
EPIC
POEM
SCRIS
ISTORIC

PLIN DE UMOR
INVENTIV
CITITOR
LITERAR
POEZIE
RELEVANT
ROMAN
TRAGIC
POVESTE
NARATOR

# 61 - Meer Informatie

```
F  X  M  C  P  P  I  Ț  R  Ă  C  F  M  D  G
A  A  E  P  A  F  L  L  B  Z  I  L  I  I  A
N  O  R  A  C  O  L  A  U  W  M  U  S  S  L
T  T  T  A  E  Ț  Q  U  N  Z  S  M  T  T  A
A  E  X  R  N  U  D  T  O  E  I  E  E  O  X
S  H  E  E  D  I  W  E  Ț  E  T  E  R  P  I
T  N  Q  A  D  R  G  K  U  W  L  Ă  I  I  E
I  O  E  L  N  A  N  A  B  P  H  K  O  E  D
C  L  X  I  T  N  C  F  M  Ț  B  L  S  Ț  D
R  O  P  S  R  E  F  T  S  I  R  U  T  U  F
O  G  L  T  O  C  O  F  R  Q  S  W  S  P  T
B  I  O  C  Y  S  C  I  N  E  M  A  Y  G  O
O  E  Z  X  E  X  J  F  K  O  O  V  S  C  G
Ț  C  I  Ț  L  N  L  W  Z  O  X  G  C  A  T
I  N  E  I  P  O  T  U  H  G  E  Z  T  L  X
```

CINEMA
CĂRȚI
FOC
IMAGINAR
DISTOPIE
EXPLOZIE
EXTREM
FANTASTIC
FUTURIST
ILUZIE

MISTERIOS
ORACOL
PLANETĂ
REALIST
ROBOȚI
SCENARIU
GALAXIE
TEHNOLOGIE
UTOPIE
LUME

# 62 - Regenwoud

```
M C D S R S S N A T U R Ă K D
A O B A E P U Y Z Ţ W P C A I
M N O Y F E P R Q L P Y H R V
I S T E U C R H Q F S F G Y E
F E A R G I A N O R I V I P R
E R N A I E V E X G J O N D S
R V I R U D I T C E P S E R I
E A C U X T E A I A F C I I T
C R Ţ A S R Ţ T H S C H B N A
L E Ţ T X P U I C S F S I D T
I R Ă S Ă P I N Ș E X J F I E
M D Ţ E X W R U U E S F M G W
A O O R M Q E M M J U N A E G
T K E J V A L O R O S P I N I
J U N G L Ă Z C S N J E D E K
```

| | |
|---|---|
| AMFIBIENI | NATURĂ |
| CONSERVARE | SUPRAVIEȚUIRE |
| BOTANIC | RESPECT |
| DIVERSITATE | RESTAURARE |
| COMUNITATE | SPECIE |
| INDIGENE | REFUGIU |
| INSECTE | PĂSĂRI |
| JUNGLĂ | VALOROS |
| CLIMAT | NORI |
| MUȘCHI | MAMIFERE |

# 63 - Haartypes

```
S  O  T  Ă  N  Ă  S  O  R  G  S  C  A  L  P
U  R  N  F  U  C  Y  Z  R  U  S  C  A  T  N
B  A  P  D  N  O  L  B  K  X  S  T  W  M  E
Ț  M  L  T  U  S  M  O  A  L  E  S  J  O  G
I  R  G  U  D  L  E  H  C  O  P  Z  S  A  R
R  Ţ  Q  D  N  K  A  I  Ţ  G  Z  W  G  B  U
E  L  C  U  B  G  N  T  S  C  U  R  T  V  M
T  I  X  G  F  W  R  I  E  R  M  E  H  H  O
A  Q  A  R  G  I  N  T  Q  R  V  U  A  Z  Q
R  Q  C  W  X  K  G  E  H  Ţ  C  I  L  G  W
O  Ţ  U  V  N  N  U  L  F  M  L  X  B  T  B
L  L  Z  B  I  J  K  P  U  O  J  B  F  R  I
O  P  G  Y  W  Ţ  T  M  M  A  P  G  G  L  M
C  B  S  D  E  I  E  Î  Y  U  G  C  M  E  M
Q  Z  H  U  M  X  H  E  A  T  Y  M  Z  B  Ţ
```

| | |
|---|---|
| BLOND | SCALP |
| MARO | CHEL |
| GROS | SCURT |
| USCAT | BUCLE |
| SUBȚIRE | CRET |
| COLORATE | LUNG |
| ÎMPLETIT | ALB |
| SĂNĂTOS | MOALE |
| ONDULAT | ARGINT |
| GRI | NEGRU |

# 64 - Stad

```
S O X I M T E A T R U B F R M
M P L V U W K W S X L H P E A
B Ţ F D Z P I A Ţ Ă Z B O S G
S C V I E I R Ă R B I L B T A
U I E B U H Ţ L E L Z E A A Z
P N A C I N I L C I T T N U I
E E E F A R M A C I E O C R N
R M R H P Q F A D Z I H Ă A P
M A O F L B V L K O W L R N U
A Ş P C Y T O S O O C B H T N
R C O E T A T I S R E V I N U
K O R R Z R N O I D A T S X L
E A T G A L E R I E S R W A Z
T L Y E Z B R U T Ă R I E L R
Ţ Ă C E T O I L B I B J D A X
```

FARMACIE

BRUTĂRIE

BANCĂ

BIBLIOTECĂ

CINEMA

FLORAR

LIBRĂRIE

GALERIE

HOTEL

CLINICA

AEROPORT

PIAŢĂ

MUZEU

RESTAURANT

ŞCOALĂ

STADION

SUPERMARKET

TEATRU

UNIVERSITATE

MAGAZIN

# 65 - Creativiteit

```
D  V  H  S  E  E  Î  H  I  N  U  I  Z  I  V
R  I  E  P  I  X  N  E  M  M  E  A  S  N  G
A  T  T  O  Ț  P  D  A  A  E  M  U  E  E  I
M  A  A  N  A  R  E  A  G  T  Z  T  N  M  N
A  L  T  T  R  E  M  R  I  C  T  E  T  O  R
T  I  I  A  I  S  Â  T  N  L  Y  N  I  Ț  E
I  T  S  N  P  I  N  I  A  A  I  T  M  I  S
C  A  N  E  S  E  A  S  Ț  R  M  I  E  I  I
H  T  E  I  N  N  R  T  I  I  A  C  N  B  N
Ț  E  T  S  I  Z  E  I  E  T  G  I  T  H  V
Y  K  N  E  S  T  A  C  U  A  I  T  E  L  E
L  H  I  R  W  G  Y  Ț  Q  T  N  A  M  D  N
P  V  D  P  C  M  U  U  I  E  E  T  G  L  T
P  Q  O  M  C  J  A  K  M  E  V  E  Q  R  I
U  P  E  I  Ț  I  U  T  N  I  H  P  O  O  V
```

ARTISTIC
IMAGINE
DRAMATIC
AUTENTICITATE
EMOȚII
SENZAȚIE
SENTIMENTE
CLARITATE
IMPRESIE
INSPIRAȚIE

INTENSITATE
INTUIȚIE
INVENTIV
SPONTAN
EXPRESIE
ÎNDEMÂNARE
IMAGINAȚIE
VIZIUNI
VITALITATE

# 66 - Natuur

```
L A C I P O R T R K Q M S F F
M G B Q K Ă F U T S O P Ă D A
G H E Ț A R D R Ț R D N L C Z
J U L A T I V U U R W U B E W
H B A M W X Z Â R N Ț Ț A A H
C I M A N I D R A E Z Z T Ț V
K R I C N Â T S U J U E I Ă J
B O N D S M C Y T H T N C P H
U N A K E F N T C C L U D W Q
I L D Z S Ș B H N T I I Z F D
A L B I N E E Q A K V Z K K V
A R C T I C K R S O V O Z G U
O Y A O X Z T F T Q L R P Q E
H Z R C Z Q O T W W S E N I N
F R U M U S E Ț E H I V I U J
```

| | |
|---|---|
| ARCTIC | CEAȚĂ |
| ALBINE | RÂU |
| PĂDURE | FRUMUSEȚE |
| ANIMALE | ADĂPOST |
| DINAMIC | SENIN |
| EROZIUNE | TROPICAL |
| FRUNZE | VITAL |
| GHEȚAR | SĂLBATIC |
| SANCTUAR | DEȘERT |
| STÂNCI | NORI |

# 67 - Zoogdieren

```
A V T L M Ă T M C C V A L H G
P E C A M L A C F O Â P U G I
C P A H U I V G Ţ T I I P R R
F R P X E R O T S A C O N A A
M P R M L O D E L F I N T E F
Z R Ă T E G P R Z W U E S P Ă
C A N G U R Z U X X W L P L C
B N T A E A C P M Q O E L U I
A F I K H G Q E Y N E F Q V S
L Z O J H Ă L I M Ă C A I D I
E W L C Ţ M N D O I I N I G P
N N X Y V C P I H R T T G Q A
Ă Ţ U M I A M O V S Y A U Z J
Q J E D V C P I T W H F O J O
G X F P R A X R B F C P I W X
```

| | |
|---|---|
| MAIMUŢĂ | CANGUR |
| CASTOR | PISICĂ |
| COIOT | IEPURE |
| DELFIN | LEU |
| MĂGAR | ELEFANT |
| CAPRĂ | CAL |
| GIRAFĂ | TAUR |
| GORILĂ | VULPE |
| CÂINE | BALENĂ |
| CĂMILĂ | LUP |

# 68 - Overheid

```
S  E  D  T  S  A  A  C  N  Q  L  Q  F  L  H
Ţ  X  T  S  J  V  V  E  N  M  I  U  Q  I  L
A  L  P  I  H  E  B  T  A  O  B  V  K  D  T
R  D  J  E  T  L  M  Ă  Ţ  N  E  I  C  E  E
I  T  I  E  B  L  P  Ţ  I  U  R  C  J  R  C
H  E  T  R  B  X  F  E  O  M  T  I  U  E  O
N  A  Ţ  I  U  N  E  N  N  E  A  V  R  G  N
N  Ă  B  B  K  T  E  I  A  N  T  I  I  A  S
Ţ  C  T  R  Y  G  P  E  L  T  E  L  D  L  T
M  I  A  O  Y  B  H  E  A  O  R  U  I  I  I
M  T  T  V  Ţ  R  Q  G  R  K  C  R  C  T  T
D  I  S  C  U  Ţ  I  E  Z  D  S  K  Q  A  U
B  L  O  B  M  I  S  L  Y  A  W  O  S  T  Ţ
I  O  U  T  D  R  E  P  T  A  T  E  H  E  I
B  P  D  E  M  O  C  R  A  Ţ  I  E  A  M  E
```

CETĂŢENIE
CIVIL
DEMOCRAŢIE
DISCUŢIE
EGALITATE
JURIDIC
DREPTATE
CONSTITUŢIE
LIDER
MONUMENT

NAŢIUNE
NAŢIONAL
POLITICĂ
DREPTURI
STAT
SIMBOL
VORBIRE
LIBERTATE
LEGE

# 69 - Voertuigen

```
S  X  J  R  G  M  S  Q  N  U  W  Z  D  M  C
S  G  Z  A  Z  X  J  C  L  H  E  Q  Ț  A  A
U  C  O  C  A  B  M  H  U  G  Q  U  I  Ș  M
I  U  L  H  V  O  Y  R  O  T  O  M  V  I  I
B  O  P  E  I  O  C  A  R  P  E  I  D  N  O
A  A  T  T  O  N  R  O  T  C  A  R  T  Ă  N
G  N  R  Ă  N  F  H  W  E  P  L  U  T  Ă  A
G  E  V  C  I  O  Y  L  M  N  G  D  H  Ț  U
W  R  V  E  Ă  T  E  L  C  I  C  I  B  N  T
Q  T  D  O  L  T  A  X  I  R  L  N  C  A  O
X  I  Ț  O  Q  O  G  E  V  A  Q  L  P  L  B
L  D  K  D  F  V  P  D  X  M  A  Ț  X  U  U
W  D  F  X  P  U  T  E  J  B  F  S  I  B  Z
C  A  R  A  V  A  N  Ă  A  U  O  E  H  M  E
E  L  I  C  O  P  T  E  R  S  A  A  K  A  R
```

| | |
|---|---|
| AMBULANȚĂ | SUBMARIN |
| MAȘINĂ | RACHETĂ |
| ANVELOPE | SCUTER |
| BARCĂ | TAXI |
| AUTOBUZ | TRACTOR |
| CARAVANĂ | TREN |
| BICICLETĂ | BAC |
| ELICOPTER | AVION |
| METROU | PLUTĂ |
| MOTOR | CAMION |

# 70 - Geografie

```
Z  Q  V  C  F  K  Q  W  D  F  W  S  J  B  Ţ
Z  J  Y  P  O  O  R  A  Ş  M  A  F  T  R  A
O  K  N  H  E  N  I  D  U  T  I  T  L  A  R
C  M  U  N  T  E  Ţ  O  S  M  L  O  Q  Ă
E  E  M  I  O  N  D  I  U  E  Z  A  S  E  L
A  M  E  Ţ  Ţ  I  B  O  N  V  G  S  P  G  U
N  I  R  I  E  D  T  E  J  E  M  A  R  E  S
W  S  I  U  T  U  A  R  N  C  N  L  O  Ţ  N
Ţ  F  D  C  R  T  X  Â  N  Ţ  I  T  T  C  I
G  E  I  W  E  I  P  U  H  O  H  A  A  H  A
V  R  A  H  U  T  H  O  A  D  R  X  U  R  I
R  Ă  N  C  Q  A  Z  S  U  I  F  D  C  I  S
L  V  S  I  H  L  R  E  G  I  U  N  E  D  U
P  K  R  Q  K  P  U  Z  W  P  L  U  M  E  D
H  A  R  T  Ă  N  L  J  S  Ţ  U  P  W  L  S
```

| | |
|---|---|
| ATLAS | MERIDIAN |
| MUNTE | NORD |
| LATITUDINE | OCEAN |
| CONTINENT | REGIUNE |
| INSULĂ | RÂU |
| ECUATOR | ORAŞ |
| EMISFERĂ | LUME |
| ALTITUDINE | VEST |
| HARTĂ | MARE |
| ŢARĂ | SUD |

# 71 - Kunstbenodigdheden

```
D  F  C  X  M  X  Ț  Z  C  J  Z  D  W  V  V
A  L  U  P  I  B  V  Q  E  I  Z  Z  Z  C  O
Y  C  U  L  U  Ț  A  M  D  C  O  X  C  R  P
E  J  R  T  Ș  E  V  A  L  E  T  E  C  E  S
T  R  U  I  Ă  P  A  G  V  E  O  U  U  I  E
A  L  R  E  L  A  R  M  A  B  F  X  L  O  L
T  C  N  L  A  I  I  R  E  P  T  T  O  A  E
I  C  U  U  E  R  C  B  I  I  A  A  R  N  W
V  Ă  A  A  N  U  I  O  T  N  R  B  I  E  Q
I  R  C  G  R  L  P  A  R  U  A  E  V  U  Ț
T  B  S  A  E  E  I  N  Â  P  P  L  U  E  I
A  U  Ț  T  C  T  L  X  H  E  A  H  X  W  F
E  N  T  N  Z  S  U  E  R  A  D  I  E  R  Ă
R  E  R  R  E  A  P  O  N  C  V  Z  L  Ț  G
C  A  E  Z  N  P  U  N  I  L  V  I  I  J  W
```

| | |
|---|---|
| ACRILIC | CULORI |
| ACUARELE | LIPICI |
| PERII | ULEI |
| APARAT FOTO | HÂRTIE |
| CREATIVITATE | PASTELURI |
| ȘEVALET | CREIOANE |
| RADIERĂ | SCAUN |
| CĂRBUNE | TABEL |
| CERNEALĂ | VOPSELE |
| LUT | APĂ |

# 72 - Barbecues

```
L  M  U  Z  I  C  Ă  F  D  J  X  W  L  D  I
A  E  C  I  N  A  C  A  M  O  Q  A  G  J  N
S  M  G  D  S  F  U  M  G  S  O  S  Q  Z  V
W  A  Z  U  D  C  Ț  I  J  R  F  B  B  C  I
E  O  N  W  M  R  I  L  Z  A  Ă  O  H  Ț  T
F  F  Â  X  P  E  T  I  Ț  F  T  T  B  S  A
F  U  R  C  I  T  E  E  R  A  S  Z  A  Y  Ț
J  M  P  D  Ț  A  T  C  U  R  F  D  Q  R  I
P  I  P  E  R  L  N  V  A  R  Ă  Ț  G  P  E
W  I  R  A  C  A  I  N  Q  R  P  P  H  P  V
M  S  W  H  X  S  B  L  X  X  U  R  A  T  C
Ț  O  Y  J  H  Y  R  I  R  L  I  G  S  E  U
Y  R  F  P  H  S  E  F  F  Q  K  N  N  G  C
G  S  Ț  Z  S  Y  I  I  F  J  H  P  R  V  Ț
E  M  E  O  X  D  F  H  X  R  P  J  Q  I  T
```

| | |
|---|---|
| CINA | MUZICĂ |
| FAMILIE | PIPER |
| FRUCT | SALATE |
| GRĂTAR | SOS |
| LEGUME | ROSII |
| FIERBINTE | CEAPĂ |
| FOAME | INVITAȚIE |
| PUI | FURCI |
| PRÂNZ | VARĂ |
| CUȚITE | SARE |

# 73 - Schoonheid

```
G H E N O P M A Ș I F J X O X
P P L L E S U D O R P X J T L
E V C F E T P I E L E J U Z E
L F U A Y G E C U L O A R E C
E O B R O Ă A D I C D Ț I V I
G T Q M P D S N S T I L I S T
A O S E A N N Q T H M E V S E
N G E C L I P Z G G M M F A M
Ț E R L B L M E L E Ț I O I S
Ă N V K V G X U G Q S R F W O
X I I P F O A R F E C E P O C
D C C G D S K I G R A Ț I E J
J A I H C A M M W D A E Ț G U
P D I Q N C L U E A B P S Y J
I L X O T W I O M V Z F C G G
```

FARMEC
COSMETICE
SERVICII
ELEGANT
ELEGANȚĂ
FOTOGENIC
GRAȚIE
PARFUM
NETED
PIELE

CULOARE
BUCLE
RUJ
RIMEL
PRODUSE
FOARFECE
ȘAMPON
OGLINDĂ
STILIST
MACHIAJ

# 74 - Wetenschappelijke Discip

```
U M I N E R A L O G I E Z C M
F I Z I O L O G I E V C G H N
S O C I O L O G I E T N E I E
D Z J S E L I I E K I K O M U
V V A C I N A C E M H Ț L I R
B E E I M O N O R T S A O E O
A I P S I H O L O G I E G P L
N G O B H K Ț X E T H E I X O
A O S L C W Y M S L J M E Ț G
T L O D O E C O L O G I E Q I
O O X E I G O L O N U M I D E
M E I W B F I B O T A N I C Ă
I H W J G M O E T O U L M E N
E R M E T E O R O L O G I E T
G A C I T O B O R K G Z T I N
```

ANATOMIE
ARHEOLOGIE
ASTRONOMIE
BIOCHIMIE
BIOLOGIE
CHIMIE
ECOLOGIE
FIZIOLOGIE
GEOLOGIE

IMUNOLOGIE
MECANICA
METEOROLOGIE
MINERALOGIE
NEUROLOGIE
BOTANICĂ
PSIHOLOGIE
ROBOTICA
SOCIOLOGIE

# 75 - Bijvoeglijke Naamwoorden

```
P U R S V Q T P N F G C K A U
K S F D R A M A T I C S Q U L
Z Q L I B A S N O P S E R T V
T N A S E R E T N I Ă R M E I
P A S Ă L B A T I C R I Â N T
C R L X A L Z V K C A F N T P
I R O E M A O F Q J T R D I I
N O E D N S Ă N Ă T O S R C R
R B V A U T Ţ J U Q T Z U N C
E O X Z T C A S O M N O R O S
T S X Q T I T T N A F G Ţ O E
U I R A W S V I I E F Y Ţ U D
P T H N P K I X V N O R M A L
Q S D R D H X G V K Q A F A Q
R N N F Q J K C F Y T E N J D
```

| | |
|---|---|
| AUTENTIC | NOU |
| TALENTAT | NORMAL |
| DESCRIPTIV | PRODUCTIV |
| CREATIV | SOMNOROS |
| DRAMATIC | PUTERNIC |
| SĂNĂTOS | MÂNDRU |
| FOAME | RESPONSABIL |
| INTERESANT | SĂLBATIC |
| OBOSIT | SĂRAT |
| FIRESC | PUR |

# 76 - Kleding

```
Q  S  I  W  D  F  S  D  M  Y  N  X  O  P  P
B  R  Ă  Ț  A  R  Ă  Ş  A  M  Ă  C  M  A  U
S  V  M  F  J  O  B  S  H  O  Z  O  E  N  L
E  D  S  O  Z  S  L  B  Ţ  A  O  V  T  T  O
T  S  W  T  D  W  U  Ţ  F  Ţ  L  F  L  A  V
S  A  F  N  I  Ă  Z  Q  W  M  I  X  S  L  E
Y  C  T  A  M  P  Ă  Q  Q  F  X  A  E  O  R
H  O  W  P  E  Ă  L  W  N  U  E  U  I  N  R
M  U  E  O  T  L  Ş  F  Y  S  Q  Q  A  I  Q
F  Ă  S  N  E  Ă  O  O  X  T  M  S  T  E  S
Z  C  N  Ţ  S  R  V  A  R  A  M  A  J  I  P
E  Y  S  U  O  I  T  B  T  Ţ  B  E  S  H  Z
H  O  C  O  Ș  E  E  Ş  A  R  F  Ă  T  C  B
C  U  R  E  A  I  C  O  L  I  E  R  K  O  V
H  A  I  N  A  S  A  N  D  A  L  E  M  R  W
```

| | |
|---|---|
| BRĂȚARĂ | PIJAMA |
| BLUZĂ | CUREA |
| PANTALONI | FUSTA |
| MĂNUȘI | SANDALE |
| PĂLĂRIE | PANTOF |
| HAINA | ȘORȚ |
| SACOU | CĂMAȘĂ |
| ROCHIE | EȘARFĂ |
| COLIER | ȘOSETE |
| MODĂ | PULOVER |

# 77 - Vliegtuigen

```
I  T  G  A  M  H  F  Z  H  U  E  Z  N  X  P
J  S  U  K  T  M  F  R  F  S  L  Ţ  D  S  A
S  L  T  R  E  E  M  I  Ţ  L  Ă  N  Î  L  S
D  I  S  O  B  Ă  R  E  F  S  O  M  T  A  A
Y  B  I  X  R  U  U  I  M  O  T  O  R  D  G
P  I  L  O  T  I  L  B  Z  F  Ţ  K  E  I  E
W  T  H  B  F  Ă  E  E  S  A  D  B  C  R  R
E  S  I  C  L  R  Y  T  N  Ţ  R  L  H  E  L
R  U  F  Ţ  P  U  N  J  A  Ţ  Ţ  E  I  C  Z
Â  B  L  T  M  T  P  O  C  W  Ă  D  P  Ţ  K
R  M  I  Y  C  N  O  L  A  B  N  O  A  I  F
O  O  L  A  A  E  R  E  C  H  T  M  J  E  U
B  C  H  G  D  V  N  A  V  I  G  A  O  H  G
O  L  M  D  Ţ  A  H  I  D  R  O  G  E  N  I
C  O  N  S  T  R  U  C  Ţ  I  E  N  V  Y  C
```

COBORÂRE
ATMOSFERĂ
AVENTURĂ
BALON
ECHIPAJ
CONSTRUCŢIE
COMBUSTIBIL
ISTORIE
CER
ÎNĂLŢIME

ATERIZARE
AER
MOTOR
NAVIGA
MODEL
PASAGER
PILOT
DIRECŢIE
TURBULENŢĂ
HIDROGEN

# 78 - Herbalisme

```
T  I  K  P  K  M  F  R  Ț  P  J  B  Z  T  L
P  A  F  Y  F  N  C  B  M  L  E  I  U  U  A
V  Ă  R  A  R  Ă  M  U  N  U  Z  M  X  Y  V
C  P  T  H  A  E  C  S  Q  C  Ă  W  S  J  A
Ș  U  V  R  O  O  Q  U  C  I  M  B  R  U  N
O  I  L  T  U  N  W  I  K  N  O  X  D  S  D
F  C  Y  I  N  N  G  O  C  E  R  G  F  U  Ă
R  F  N  Z  N  S  J  C  T  F  A  O  L  S  M
A  S  U  B  A  A  A  E  D  R  E  V  O  T  A
N  Ă  N  I  D  Ă  R  G  L  J  D  F  A  U  G
R  O  Z  M  A  R  I  N  V  Z  N  I  R  R  H
V  S  P  C  C  A  L  I  T  A  T  E  E  O  I
C  U  J  U  T  N  E  I  D  E  R  G  N  I  R
A  R  O  M  A  T  Y  O  R  E  G  A  N  O  A
M  V  Q  J  K  W  Y  R  L  M  A  D  O  T  N
```

AROMAT
BUSUIOC
FLOARE
CULINAR
MĂRAR
TARHON
VERDE
INGREDIENT
USTUROI
CALITATE

LAVANDĂ
MAGHIRAN
OREGANO
PĂTRUNJEL
ROZMARIN
ȘOFRAN
AROMĂ
CIMBRU
GRĂDINĂ
FENICUL

# 79 - Kracht en Zwaartekracht

```
U  D  I  N  A  M  I  C  J  P  W  Ţ  I  Z  I
N  T  Z  Ă  C  I  Z  I  F  U  A  O  B  M  L
I  P  O  M  I  T  I  M  P  W  V  E  W  K  Y
V  L  Ă  Ţ  N  A  T  S  I  D  B  S  Ţ  U  C
E  A  E  T  A  T  U  E  R  G  U  U  A  Ţ  O
R  N  R  C  C  H  D  I  H  V  Y  W  F  L  Y
S  E  A  A  E  N  U  I  S  N  A  P  X  E  Y
A  T  C  P  M  V  F  V  U  W  Y  G  I  R  S
L  E  E  M  D  U  M  S  I  T  E  N  G  A  M
X  B  R  I  U  N  R  U  R  T  N  E  C  C  M
P  C  F  O  R  B  I  T  Ă  F  E  N  U  Ș  V
P  R  E  S  I  U  N  E  A  Y  X  Z  D  I  H
D  E  S  C  O  P  E  R  I  R  E  C  Ă  M  V
E  J  R  C  A  D  H  U  U  M  T  P  J  X  U
V  P  R  O  P  R  I  E  T  Ă  Ţ  I  C  Y  A
```

| | |
|---|---|
| DISTANŢĂ | MAGNETISM |
| AXĂ | MECANICA |
| ORBITĂ | FIZICĂ |
| MIȘCARE | DESCOPERIRE |
| CENTRU | PLANETE |
| PRESIUNE | VITEZĂ |
| DINAMIC | TIMP |
| PROPRIETĂȚI | EXPANSIUNE |
| GREUTATE | UNIVERSAL |
| IMPACT | FRECARE |

# 80 - Het Bedrijf

```
R P D E C I Z I E O P O W V O
C E R U N I T Ă Ț I L T Y U S
P R P O I N D U S T R I E E W
R O E U G G L O B A L E C T U
O T T A T R U E S U V R V A U
F A A R T A E Ț N I D N E T I
E V T Z H I T S I W P F R I N
S O I L D R V I R I R A A L V
I N L O H U A I E R O I T I E
O I A X S T G R C I D I N B S
N T C Y F I T A A S U E E I T
A Z W G Z N N L F C S Ț Z S I
L B G B G E U A A U Y V E O Ț
M R O Q D V G S P R D R R P I
A N G A J A R E R I A N P B I
```

| | |
|---|---|
| DECIZIE | POSIBILITATE |
| CREATIV | PREZENTARE |
| UNITĂȚI | PRODUS |
| GLOBAL | PROFESIONAL |
| INDUSTRIE | REPUTATIE |
| VENITURI | RISCURI |
| INOVATOR | TENDINȚE |
| INVESTIȚII | PROGRES |
| CALITATE | ANGAJARE |
| SALARII | AFACERI |

# 81 - Rijden

M L M K E G P N F R J Ţ B M I
O S O L Ţ N O L C M A O U C A
T Q T G P R L O C I R E P A M
O F O D D E I A B P A P D M A
R G C I B P T E U K G Q B I Ş
T S I W V J I N B Q M Z H O I
U T C I I S E M E R I J A N N
N R L F T O I B J D K Q R B Ă
E A E R E E Q G B L I L T Y Ţ
L D T Â Z M I J U E W C Ă X N
C Ă Ă N Ă I J C P R R Z C Z E
Z Z E E Z C H M V Z A Ţ F A C
C O M B U S T I B I L N O G I
Z N J M Q P T R A F I C Ţ A L
G Z U P I E T O N D R U M Ă Y

| | |
|---|---|
| MAŞINĂ | POLIŢIE |
| COMBUSTIBIL | FRÂNE |
| GARAJ | VITEZĂ |
| GAZ | STRADĂ |
| PERICOL | TUNEL |
| HARTĂ | SIGURANŢĂ |
| LICENŢĂ | TRAFIC |
| MOTOR | PIETON |
| MOTOCICLETĂ | CAMION |
| ACCIDENT | DRUM |

# 82 - Wetenschap

```
L O D M L W H I K C E C N M Ţ
A R O I Ă E L U C I T R A P U
B G U N C L I M A T L W T Z U
O A E E I B X E T A D I U C P
R N V R Z S E X A C C S R J Q
A I O A I D Y P J C C H Ă R P
T S L L F X B E L U C E L O M
O M U E Z P E R A V R E S B O
R Q Ţ N K Ă D I C H I M I C F
I U I C K D Z M Y O O X R N O
S L E A T O M E T Y A Z S P S
U Z K R P T J N T V G I Ţ I I
R H N V A E N T O O Q L D B L
I K P X F M B X N H P V Q L A
O M D E Ș T I I N Ţ Ă I X F K
```

ATOM
CHIMIC
PARTICULE
EVOLUŢIE
EXPERIMENT
FAPT
FOSIL
DATE
IPOTEZĂ
CLIMAT

LABORATOR
METODĂ
MINERALE
MOLECULE
NATURĂ
FIZICĂ
OBSERVARE
ORGANISM
OM DE ȘTIINŢĂ

# 83 - Natuurkunde

```
L Q K Z A G A Z O A Y D Z P O
Y G F R E C V E N Ț Ă H P A M
J T Y J X S A F R G E D Y R A
U H L E J R R O S Y A D P T G
M X C R H K T R M O T O R I N
M O T A A F I M Y K O F E C E
S T L R O O X U V C W U L U T
O O O E S J J L I H A N E L I
S O Z L C L C Ă T I C I C Ă S
Y E E E U U Y Q E M I V T P M
C Y T C S Ț L U Z I N E R G P
J N Ț C V K Z Ă Ă C A R O C H
R Y K A M D Q X S V C S N G P
D E N S I T A T E A E A C Ț Q
E X P E R I M E N T M L L S X
```

| | |
|---|---|
| ATOM | GAZ |
| HAOS | MAGNETISM |
| CHIMIC | MASĂ |
| PARTICULĂ | MECANICA |
| DENSITATE | MOLECULĂ |
| ELECTRON | MOTOR |
| EXPERIMENT | VITEZĂ |
| FORMULĂ | UNIVERSAL |
| FRECVENȚĂ | ACCELERARE |

# 84 - Muziekinstrumenten

```
M M T E H F E H A Q G N M U T
R U U T K A R X K Z V O A O U
N N Z Z G G Q Ț N O F B N I K
Ă I H I D O X G T Ț W M D Ț P
T A Q X C T A O I X N O O E T
E H C Ă R U X N A C O R L Y Y
P X Ă N K T Ț G Y T F T I Y V
M A R I M B A Ă L H O J N A B
O Z A R H A R P Ă V X B Ă M L
R L O U V P K K Ț V A B Ă B N
T V I B F L A U T Q S I Y C M
V Q V M P E R C U Ț I E Ț C W
B W E A X I C H I T A R Ă A Y
N W P T E N I R A L C Q S L S
B O B O I V I O L O N C E L H
```

BANJO
VIOLONCEL
FAGOT
FLAUT
CHITARĂ
GONG
HARPĂ
OBOI
CLARINET
MANDOLINĂ

MARIMBA
MUZICUȚĂ
PERCUȚIE
PIAN
SAXOFON
TAMBURINĂ
TROMBON
TOBĂ
TROMPETĂ
VIOARĂ

# 85 - Ethiek

```
C  R  A  Ț  I  O  N  A  L  I  T  A  T  E  C
O  R  E  Z  O  N  A  B  I  L  C  E  L  U  T
M  S  I  L  A  E  R  R  Z  P  C  A  Z  X  W
P  O  P  T  I  M  I  S  M  F  Z  P  R  F  W
A  R  I  N  T  E  G  R  I  T  A  T  E  I  T
S  M  E  Z  N  R  C  F  P  L  M  E  J  L  O
I  M  Y  S  E  T  A  T  I  T  S  E  N  O  L
U  V  F  B  P  U  X  W  B  G  I  K  U  Z  E
N  E  R  A  R  E  P  O  O  C  U  Q  H  O  R
E  K  X  P  F  V  C  D  V  U  R  E  X  F  A
R  Ă  B  D  A  R  E  T  Q  A  T  I  K  I  N
B  U  N  Ă  T  A  T  E  U  Z  L  B  V  E  Ț
D  E  M  N  I  T  A  T  E  O  A  O  Q  I  Ă
U  M  A  N  I  T  A  T  E  S  S  V  R  V  C
I  N  D  I  V  I  D  U  A  L  I  S  M  I  E
```

| | |
|---|---|
| ALTRUISM | OPTIMISM |
| RESPECTUOS | RAȚIONALITATE |
| ONESTITATE | REALISM |
| FILOZOFIE | REZONABIL |
| RĂBDARE | COOPERARE |
| INDIVIDUALISM | TOLERANȚĂ |
| INTEGRITATE | BUNĂTATE |
| COMPASIUNE | VALORI |
| UMANITATE | DEMNITATE |

# 86 - Antiek

```
J  R  J  H  T  P  X  R  H  G  A  J  M  W  M
P  R  E  Ț  M  O  N  E  D  E  V  X  L  O  N
A  L  O  O  O  A  E  R  A  O  L  A  V  U  T
S  C  U  L  P  T  U  R  Ă  P  L  S  I  H  N
S  E  C  O  L  D  K  C  I  T  N  E  T  U  A
G  Q  J  I  K  W  Ț  K  S  U  E  I  A  C  G
H  V  Z  Q  Z  H  S  Ț  Q  O  O  N  R  O  E
R  E  S  T  A  U  R  A  R  E  B  V  O  L  L
E  N  T  U  Z  I  A  S  T  I  I  E  C  E  E
S  C  A  L  I  T  A  T  E  R  Ș  S  E  C  A
T  V  I  F  Q  Y  W  M  C  E  N  T  D  T  R
I  R  E  I  L  I  B  O  M  L  U  I  Ț  O  T
L  D  X  C  N  O  O  B  K  A  I  Ț  A  R  Ă
Z  C  Ț  L  H  F  R  S  V  G  T  I  X  U  Y
C  F  S  T  B  I  E  I  Ț  A  T  I  C  I  L
```

| | |
|---|---|
| AUTENTIC | MOBILIER |
| SCULPTURĂ | MONEDE |
| DECORATIV | NEOBIȘNUIT |
| SECOL | VECHI |
| ELEGANT | PREȚ |
| GALERIE | RESTAURARE |
| INVESTIȚII | STIL |
| ARTĂ | LICITAȚIE |
| CALITATE | COLECTOR |
| ENTUZIAST | VALOARE |

# 87 - Activiteiten en Vrije Ti

```
B  G  C  S  Ţ  J  K  P  W  F  J  T  C  Y  S
A  B  Ă  X  S  O  C  J  I  C  B  I  T  V  U
S  F  L  O  G  Z  O  F  N  C  O  K  V  Y  R
E  D  Ă  B  A  S  C  H  E  T  T  O  N  Î  F
B  V  T  N  A  X  A  L  E  R  V  U  U  A  I
A  Z  O  P  E  S  C  U  I  T  E  E  R  T  N
L  S  R  J  T  X  O  J  I  V  C  G  W  A  G
L  I  I  I  Ţ  E  M  U  R  D  U  M  M  D  N
O  X  E  A  L  K  V  M  G  C  R  S  F  B  I
G  R  Ă  D  I  N  Ă  R  I  T  S  K  B  E  P
S  C  U  F  U  N  D  Ă  R  I  E  L  O  V  M
S  I  Y  Ţ  N  W  I  O  W  U  V  C  O  V  A
M  Q  N  C  O  E  F  O  F  W  T  P  A  Y  C
V  D  L  E  C  K  B  D  Q  F  O  T  B  A  L
Y  I  P  Q  T  P  G  A  R  T  Ă  W  X  L  D
```

| | |
|---|---|
| BASCHET | CĂLĂTORIE |
| BOX | PICTURA |
| SCUFUNDĂRI | SURFING |
| GOLF | TENIS |
| PESCUIT | GRĂDINĂRIT |
| BASEBALL | FOTBAL |
| CAMPING | VOLEI |
| ARTĂ | DRUMEŢII |
| RELAXANT | ÎNOT |
| CURSE | |

# 88 - Water

```
C  A  N  A  L  D  V  I  R  I  G  A  R  E  D
A  F  O  T  O  C  E  A  N  U  U  M  E  D  E
L  G  S  I  Y  K  C  V  Z  Â  B  R  Z  C  T
Y  Ș  U  D  H  N  Ț  O  U  R  N  A  I  N  A
W  D  M  P  S  A  D  V  R  W  M  S  E  E  T
Î  E  H  E  G  G  N  F  X  Ț  F  T  H  Q  I
I  N  Z  Ă  P  A  D  Ă  L  O  N  N  G  W  D
Y  Ț  G  P  C  R  I  N  U  N  D  A  Ț  I  I
R  J  J  H  S  U  Z  E  E  B  E  Z  Ț  R  M
B  O  W  J  E  L  R  Ț  S  S  V  H  J  U  U
B  E  C  N  B  Ț  Q  E  I  A  O  L  P  L  I
Ț  R  I  R  M  H  B  M  N  Z  B  T  S  A  I
E  V  A  P  O  R  A  R  E  T  F  W  M  V  P
O  L  G  H  E  A  Ț  Ă  C  F  D  S  G  F  D
Y  K  G  U  R  J  M  S  G  N  Z  M  G  E  Ț
```

DUȘ                     INUNDAȚII
GHEIZER                 PLOAIE
VALURI                  RÂU
GHEAȚĂ                  ZĂPADĂ
IRIGARE                 ABUR
CANAL                   CURENT
LAC                     EVAPORARE
MUSON                   UMEDE
OCEAN                   UMIDITATE
URAGAN                  ÎNGHEȚ

# 89 - Schaken

```
A D V E R S A R R E G E F C N
B S S B T A E U T O P I O G X
P R Z G Ţ I L W L Ă R S Ţ E G
R U T A K D M B W L K F H R L
E C N Ţ A O S P C A M P I O N
G N E C S X T H O N Ţ M R T S
I O G U T U R R J O O Y Ă Ă A
N C I S C E A U R G E N C C C
Ă H L L U N T M D A Q V O U R
I E E E T R E P S I X Z V J I
D V T K D U G S F D G V O M F
L T N T R T I P A S I V R Q I
T P I L U G E R G Ţ Q I P Y C
O F M Ţ D Z Y G R D N T J W I
M F R W G U U V L R Y X V I U
```

DIAGONALĂ
CAMPION
REGE
REGINĂ
SACRIFICIU
PASIV
PUNCTE
REGULI
INTELIGENT
JOC

JUCĂTOR
STRATEGIE
ADVERSAR
TIMP
TURNEU
PROVOCĂRI
CONCURS
ALB
NEGRU

# 90 - Boerderij #1

```
V A C Ă R A O I C M Z A C P N
Z E A L Ţ N C U F Q W L A I L
F E N I Â C P P X X I B L S U
A G R I C U L T U R Ă I E I X
I O K O C C A P R Ă P N Ţ C Î
T Z S Q N Â F A O D A Ă I Ă N
D K Ţ L C Y M O A L M K V Y G
T U R M Ă O E P E L W Y W Ţ R
M I E R E D N N U V F H M D Ă
S B Ţ Ţ X O E C I M W B D V Ş
X S N V Y P W Z Ţ T Ă J D I Ă
A Z I A I L U U R A G G R J M
I L M C C A W I S W E J A F Â
Z Y E I O K F T R R Q S G R N
Ţ C S O C D F O M U Y E R O T
```

| | |
|---|---|
| ALBINĂ | VACĂ |
| MĂGAR | CIOARĂ |
| CAPRĂ | TURMĂ |
| GARD | AGRICULTURĂ |
| CÂINE | ÎNGRĂŞĂMÂNT |
| MIERE | CAL |
| FÂN | OREZ |
| VIŢEL | CÂMP |
| PISICĂ | APĂ |
| PUI | SEMINŢE |

# 91 - Huis

```
T  J  W  J  K  X  I  Q  A  M  K  M  U  K  A
O  A  Y  I  Ș  Z  N  V  L  P  E  R  E  T  E
S  R  V  S  U  B  S  O  L  X  T  S  D  I  D
X  A  M  A  D  B  I  B  L  I  O  T  E  C  Ă
K  G  Y  Ă  N  I  D  Ă  R  G  U  O  R  A  L
V  C  R  T  J  T  H  L  M  M  Ș  E  F  H  V
M  A  O  S  O  L  A  M  P  Ă  Ă  E  M  I  R
A  H  T  P  F  G  A  C  O  P  E  R  I  Ș  M
N  D  I  R  U  P  L  M  O  B  I  L  I  E  R
S  W  M  O  Ă  S  E  I  R  Ă  T  Ă  C  U  B
A  M  R  V  R  A  W  R  N  Y  J  W  W  H  A
R  E  O  O  E  E  R  W  M  D  S  K  Y  F  W
D  W  D  C  M  G  A  R  D  O  Ă  A  H  D  H
Ă  T  G  G  A  M  Ă  T  U  R  Ă  L  F  M  I
N  R  M  P  C  H  Y  P  V  J  R  E  K  V  R
```

| | |
|---|---|
| MĂTURĂ | BUCĂTĂRIE |
| BIBLIOTECĂ | LAMPĂ |
| ACOPERIȘ | MOBILIER |
| UȘĂ | PERETE |
| DUȘ | TAVAN |
| GARAJ | DORMITOR |
| VATRĂ | OGLINDĂ |
| GARD | COVOR |
| CAMERĂ | GRĂDINĂ |
| SUBSOL | MANSARDĂ |

# 92 - Geometrie

```
P  Z  E  V  Q  B  H  R  H  Ţ  Ă  B  R  U  C
L  E  L  A  R  A  P  Î  N  Ă  L  Ţ  I  M  E
E  I  R  O  E  T  N  A  C  S  A  C  N  J  V
L  R  B  P  I  R  O  Z  A  E  T  T  E  X  Ţ
O  T  X  Y  E  Y  P  I  L  G  N  R  M  R  R
G  E  G  E  X  N  N  M  C  M  O  I  R  Q  C
I  M  H  V  T  M  D  R  U  E  Z  U  S  L  X
C  I  Q  F  F  Ţ  M  I  L  N  I  N  Z  Q  A
Ă  S  Q  I  U  Z  Z  A  C  T  R  G  W  M  G
D  I  A  M  E  T  R  U  S  U  O  H  N  E  F
E  C  U  A  Ţ  I  E  S  O  Ă  L  I  A  D  U
D  I  M  E  N  S  I  U  N  E  D  A  B  I  N
O  F  V  E  R  T  I  C  A  L  C  V  R  A  G
S  U  P  R  A  F  A  Ţ  Ă  E  Y  Q  N  N  H
G  N  M  P  A  Ţ  V  O  P  S  U  N  P  Ă  I
```

| | |
|---|---|
| CALCUL | PERPENDICULAR |
| CERC | MASĂ |
| CURBĂ | MEDIANĂ |
| DIAMETRU | SUPRAFAŢĂ |
| DIMENSIUNE | PARALEL |
| TRIUNGHI | SEGMENT |
| UNGHI | SIMETRIE |
| ÎNĂLŢIME | TEORIE |
| ORIZONTALĂ | ECUAŢIE |
| LOGICĂ | VERTICAL |

# 93 - Jazz

```
C  I  C  E  T  N  Â  C  Z  W  X  I  T  A  C
O  M  O  O  N  T  V  E  P  E  T  M  G  C  O
M  P  R  Z  N  Q  F  E  Y  T  Ţ  D  C  C  M
P  R  C  Y  T  C  M  U  Z  I  C  Ă  X  E  P
O  O  H  R  L  Ţ  E  Ţ  M  U  B  L  A  N  O
Z  V  E  B  V  R  T  R  I  F  A  Ţ  N  T  Z
I  I  S  N  Y  U  S  T  T  O  W  L  I  K  I
T  Z  T  P  F  R  I  T  M  Ţ  C  I  P  W  Ţ
O  A  R  Q  D  J  T  G  E  N  P  Y  B  A  I
R  Ţ  Ă  V  B  U  R  B  E  L  E  C  R  F  E
Z  I  H  C  E  V  A  Ă  C  I  N  H  E  T  M
N  E  T  I  R  O  V  A  F  T  A  L  E  N  T
O  I  H  W  J  D  U  L  Y  S  N  R  A  P  S
Q  Q  Y  C  J  J  Z  Ţ  F  Z  Y  O  Ţ  Ţ  M
V  B  D  Z  G  G  B  O  H  D  Z  N  U  L  Z
```

| | |
|---|---|
| ALBUM | MUZICĂ |
| APLAUZE | ACCENT |
| ARTIST | NOU |
| CELEBRU | ORCHESTRĂ |
| COMPOZITOR | VECHI |
| CONCERT | RITM |
| FAVORITE | COMPOZIŢIE |
| GEN | STIL |
| IMPROVIZAŢIE | TALENT |
| CÂNTEC | TEHNICĂ |

# 94 - Getallen

```
T  C  N  B  E  C  E  Z  E  R  P  S  I  A  Ş
L  R  A  Q  M  I  T  B  P  D  C  Y  N  G  G
E  Q  E  Q  N  N  P  C  N  O  R  P  O  Z  X
C  K  C  I  L  C  A  M  X  U  D  D  U  N  U
E  G  E  O  S  I  Ş  F  A  Ă  H  P  Ă  Ș  N
Z  Ţ  Z  D  N  P  U  W  I  Z  K  X  S  A  V
E  W  E  Ţ  Z  L  R  N  U  E  F  P  P  S  T
R  V  R  R  K  R  N  E  U  C  C  G  R  E  P
P  D  P  H  N  O  C  A  Z  I  C  C  E  C  L
S  A  S  Ţ  C  O  P  T  E  E  D  J  Z  O  X
I  C  T  Z  E  C  E  Ţ  L  U  C  C  E  X  C
C  L  P  R  Y  U  R  Q  J  K  Z  E  C  G  T
N  L  O  Ă  U  O  N  Y  U  Q  Y  E  E  R  R
I  P  A  I  S  P  R  E  Z  E  C  E  R  H  E
C  D  O  I  S  P  R  E  Z  E  C  E  Z  O  I
```

| | |
|---|---|
| OPT | DOI |
| OPTSPREZECE | DOUĂZECI |
| TREISPREZECE | PAISPREZECE |
| TREI | PATRU |
| UNU | CINCI |
| NOUĂ | CINCISPREZECE |
| NOUĂSPREZECE | ȘASE |
| ZERO | ȘAISPREZECE |
| ZECE | ȘAPTE |
| DOISPREZECE | |

# 95 - Boerderij #2

```
G D N K I V T A N L L L M W P
Z R O B R E R F N Q I Ţ I U Y
D O Â M I G A P Q B V F E L O
A T N U G E C C W A A M L J N
C S U R A T T O N B D Ţ U P R
G Ă A O R A O N G C Ă C N U L
R P U P E L R E Ţ W E B L L X
S A M O A R Ă D E V Â N T U Ţ
N O Ț A N I M A L E T P A L Q
N O G Ă U H W B K G O L H F Q
A A J P B N A M W K Y A T R C
A K F D R E I M R E F M B U T
K X O Y N C X B B I Ţ Ă R C U
S S T U P Ţ N E M A L L C T D
Y T B N B T M J G O R J P V P
```

| | |
|---|---|
| STUP | MIEL |
| FERMIER | LAMĂ |
| LIVADĂ | PORUMB |
| ANIMALE | LAPTE |
| RAŢĂ | OAIE |
| FRUCT | HAMBAR |
| ORZ | GRÂU |
| VEGETAL | TRACTOR |
| PĂSTOR | LUNCĂ |
| IRIGARE | MOARĂ DE VÂNT |

# 96 - Psychologie

```
C E V A L U A R E Z W Z S I Y
O O Y A R E T A T I L A E R E
M U S T N E I T Ş N O C N I I
P E V I N F L U E N Ţ E Z D Ţ
O G Â N D U R I A R K K A W P
R C T P E E M O Ţ I I Ţ Ţ Ţ E
T O X Z R E V V Y C I N I L C
A N I J A O I V I S E J E G R
M F X V M U B T E R A P I E E
E L E T A T I L A N O S R E P
N I F C R E Ţ N E I R E P X E
T C W C G Y D F X M E X L N L
A T Ţ C O O L Q Q Ţ Ă G E A Q
B U E I R Ă L I P O C W O Ţ Ţ
P W Ţ U P C U N O A Ş T E R E
```

PROGRAMARE
EVALUARE
INCONŞTIENT
CUNOAŞTERE
CONFLICT
VISE
EGO
EMOŢII
EXPERIENŢE
GÂNDURI

COMPORTAMENT
SENZAŢIE
INFLUENŢE
COPILĂRIE
CLINIC
PERCEPŢIE
PERSONALITATE
PROBLEMĂ
REALITATE
TERAPIE

# 97 - Zakelijk

```
E C O N O M I E M T F K Q Z O
O O T A J A G N A I C Z X Ă C
K U Ţ C V S E J G N A P Z T P
T I F O R P R M A V R Q A U U
Ţ A Ţ V K E R Z E I E Ţ L N
I A X Q Ţ W C Q I S E I N A B
V X U E L V U Z N T R Ţ A V T
C E B F X M D D Ţ I Ă C N S B
C O N W V J E Ţ X Ţ S A I C Ă
C L M I B I R O U I Z Z F U C
O B N P T E G U B I D N Q K I
S S A C A U A N G A J A T O R
T M Z T F N R O J I N R X I B
Y R P U Z P I I I Y R T A M A
U Z H K X C X E R A Z N Â V F
```

COMPANIE
BUGET
TAXE
CARIERĂ
ECONOMIE
FABRICĂ
FINANŢA
BANI
VENITURI
INVESTIŢII

BIROU
REDUCERE
COST
TRANZACŢIE
VALUTĂ
VÂNZARE
ANGAJATOR
ANGAJAT
MAGAZIN
PROFIT

# 98 - Voeding

```
G C O S T I T E P A L G X Ţ F
D C U S O T Ă N Ă S G R V X E
H U Ţ F X M S I L G Q E I E R
B R E E I T S E G I D U T J M
E R Y E N U G T C V Z T A P E
D C P E Ă H G O C C R A M A N
I Y H D R W M R K C C T I X T
C L X I T W G P Ţ A A E N O A
U D F H L V U E P L L T Ă S Ţ
L T R C C I M B C O I A P O I
G O C I V O B Ţ Ţ R T T U S E
J J O L E R S R D I A Ă K B X
D I E T Ă M O R A I T N M T D
N U T R I E N T S T E Ă Z A I
C O M E S T I B I L Ţ S L C W
```

| | |
|---|---|
| AMAR | SĂNĂTATE |
| CALORII | GLUCIDE |
| DIETĂ | CALITATE |
| COMESTIBIL | SOS |
| APETIT | AROMĂ |
| PROTEINE | DIGESTIE |
| ECHILIBRAT | TOXINĂ |
| FERMENTAŢIE | VITAMINĂ |
| GREUTATE | LICHIDE |
| SĂNĂTOS | NUTRIENT |

# 99 - Chemie

```
C A R B O N Q H I D R O G E N
K Q R N G P A M N P O A H T C
C M D R O L C L E J E U T E A
M R I W C I I G T O F N M T
E N Z I M Ă D C I E A Ă V P A
R E A C Ț I E H X Q Q L W E L
E S H Q Z V M I O Ț C U E R I
L A G F O M J D Y G V C V A Z
E R O R A L C A L I N E U T A
C E R T E Y D U E Y S L O U T
T W G Ț N U G A Z M C O V R O
R I A G B C T W I S P M P A R
O N N G U F I A C Ă L D U R Ă
N L I I Z U J Ț T I G D S H W
U V C E R J H L U E I V E N E
```

| | |
|---|---|
| ALCALIN | MOLECULĂ |
| CLOR | ORGANIC |
| ELECTRON | REACȚIE |
| ENZIMĂ | TEMPERATURA |
| GAZ | LICHID |
| GREUTATE | CĂLDURĂ |
| ION | HIDROGEN |
| CATALIZATOR | SARE |
| CARBON | ACID |
| METALE | OXIGEN |

## 1 - Metingen

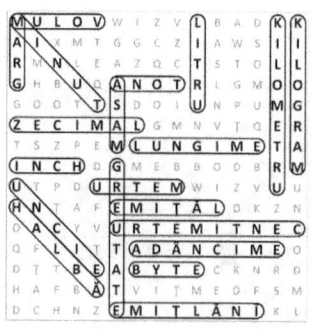

## 2 - Opwarming van de Aarde

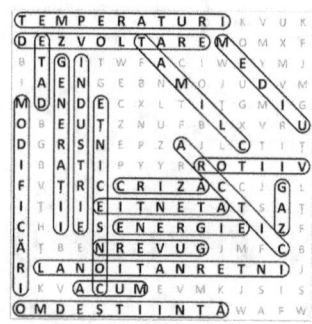

## 3 - Keuken

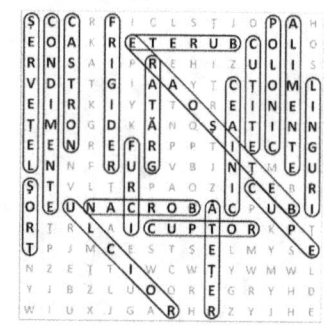

## 4 - Boten

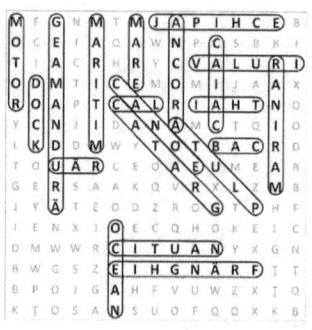

## 5 - Chocolade

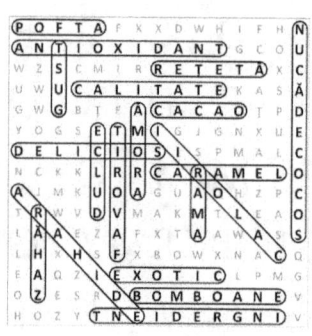

## 6 - Gezondheid en Welzijn #2

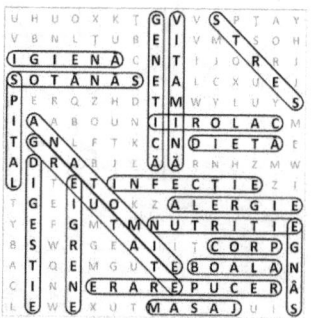

## 7 - Tijd

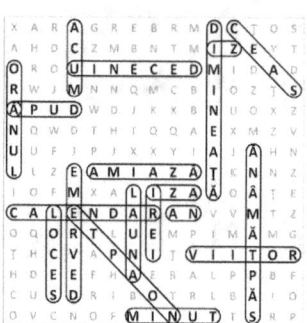

## 8 - Meditatie

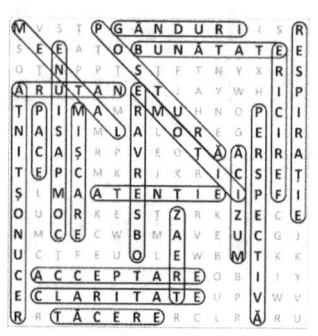

## 9 - Muziek

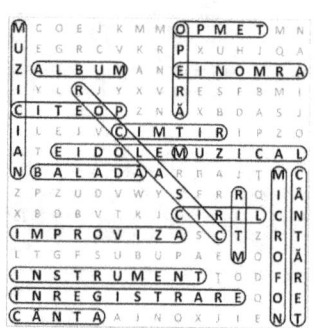

## 10 - Vogels

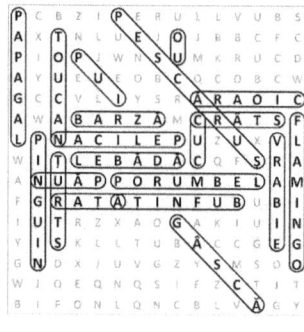

## 11 - Universum

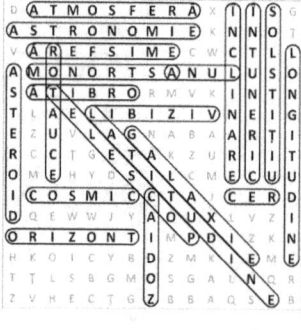

## 12 - Wiskunde

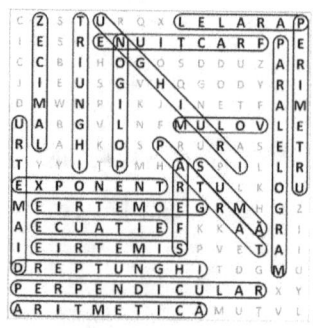

## 13 - Gezondheid en Welzijn #1

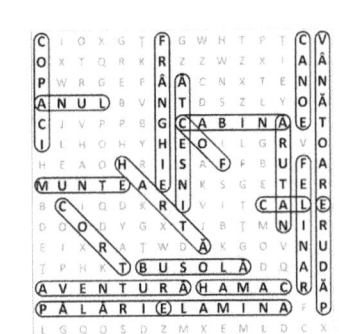

## 14 - Camping

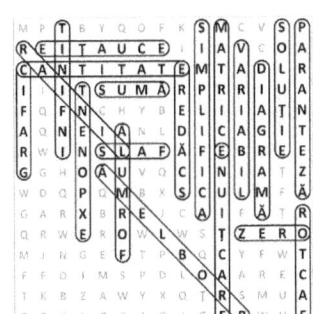

## 15 - Algebra

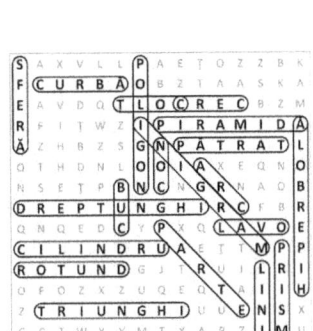

## 16 - Activiteiten

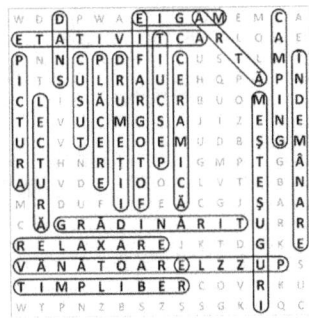

## 17 - Vormen

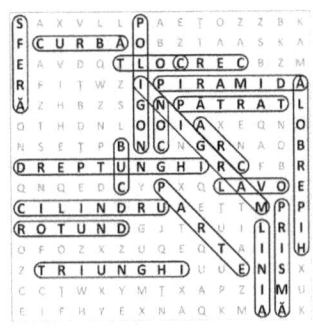

## 18 - Diplomatie

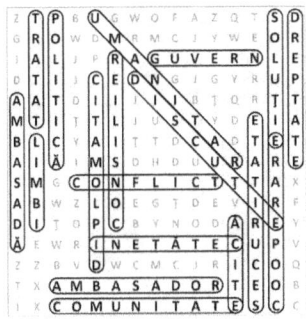

## 19 - Astronomie

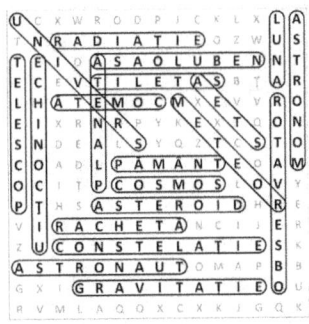

## 20 - Emoties

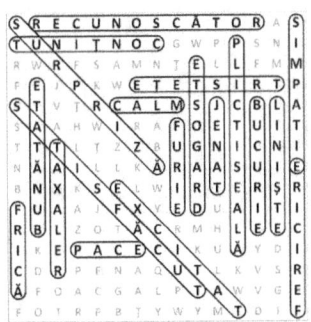

## 21 - Vakantie #2

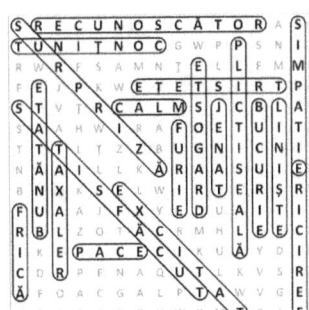

## 22 - Weersomstandigh

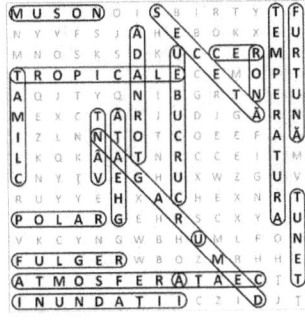

## 23 - Eten #2

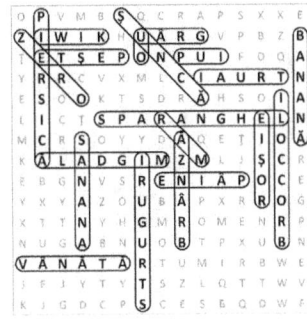

## 24 - Geologie

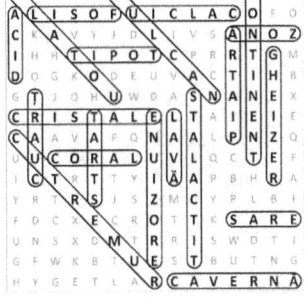

## 25 - Specerijen

## 26 - Groenten

## 27 - Archeologie

## 28 - Dans

## 29 - Ziekte

## 30 - Mythologie

## 31 - Eten #1

## 32 - Avontuur

## 33 - Restaurant #2

## 34 - De Media

## 35 - Bijen

## 36 - Wandelen

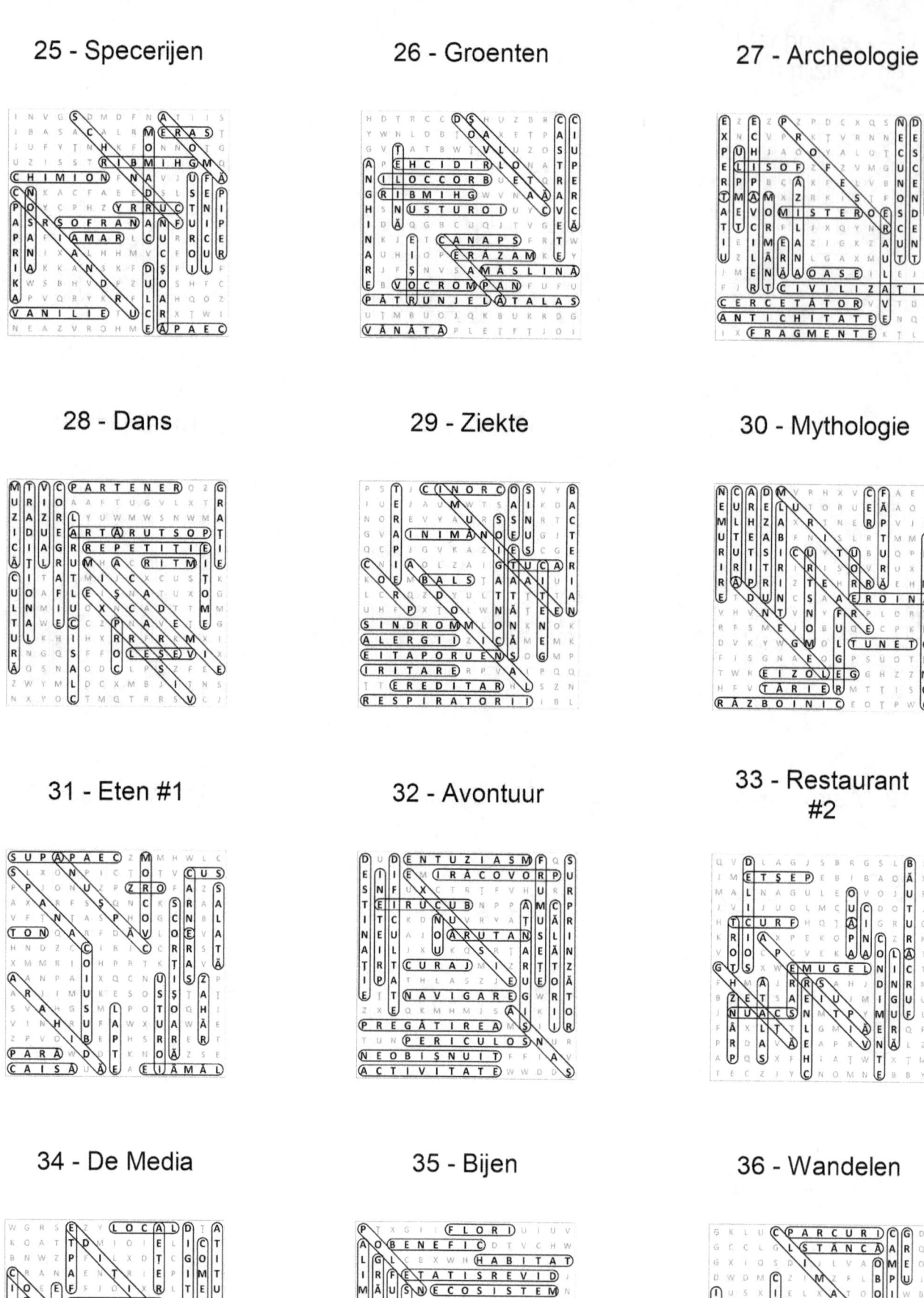

## 37 - Ecologie

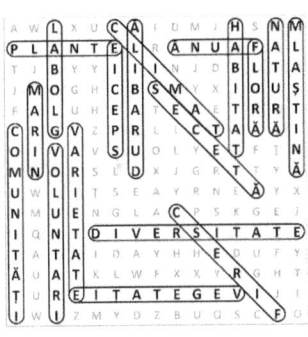

## 38 - Biologie

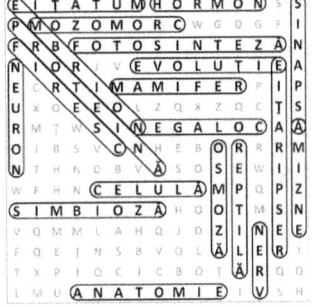

## 39 - Landen #1

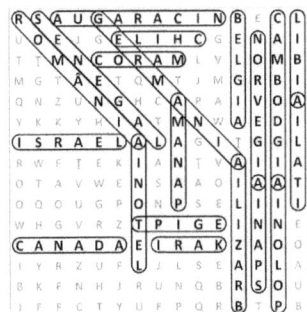

## 40 - Installaties

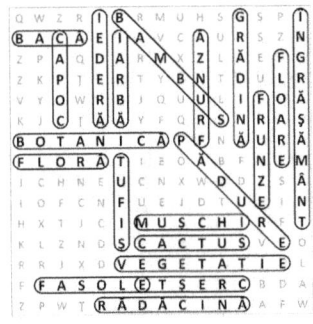

## 41 - Agronomie

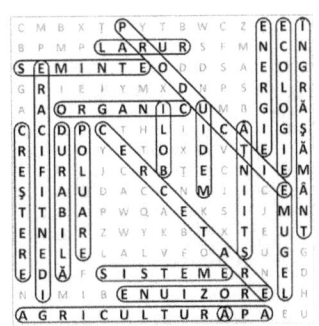

## 42 - Oceaan

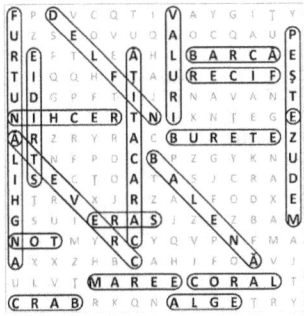

## 43 - Landen #2

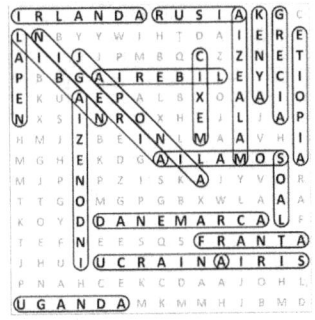

## 44 - Landschappen

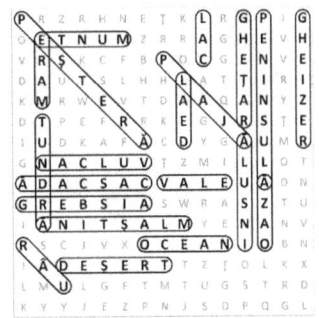

## 45 - Tuin

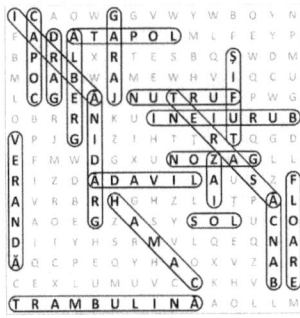

## 46 - Beroepen #2

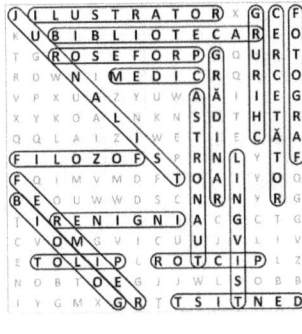

## 47 - Dagen en Maanden

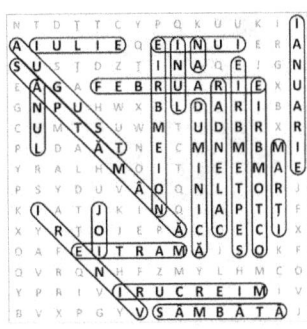

## 48 - Beeldende Kunsten

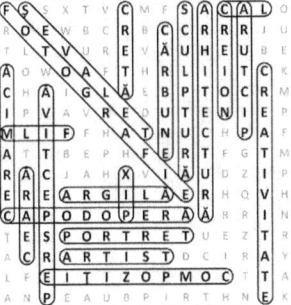

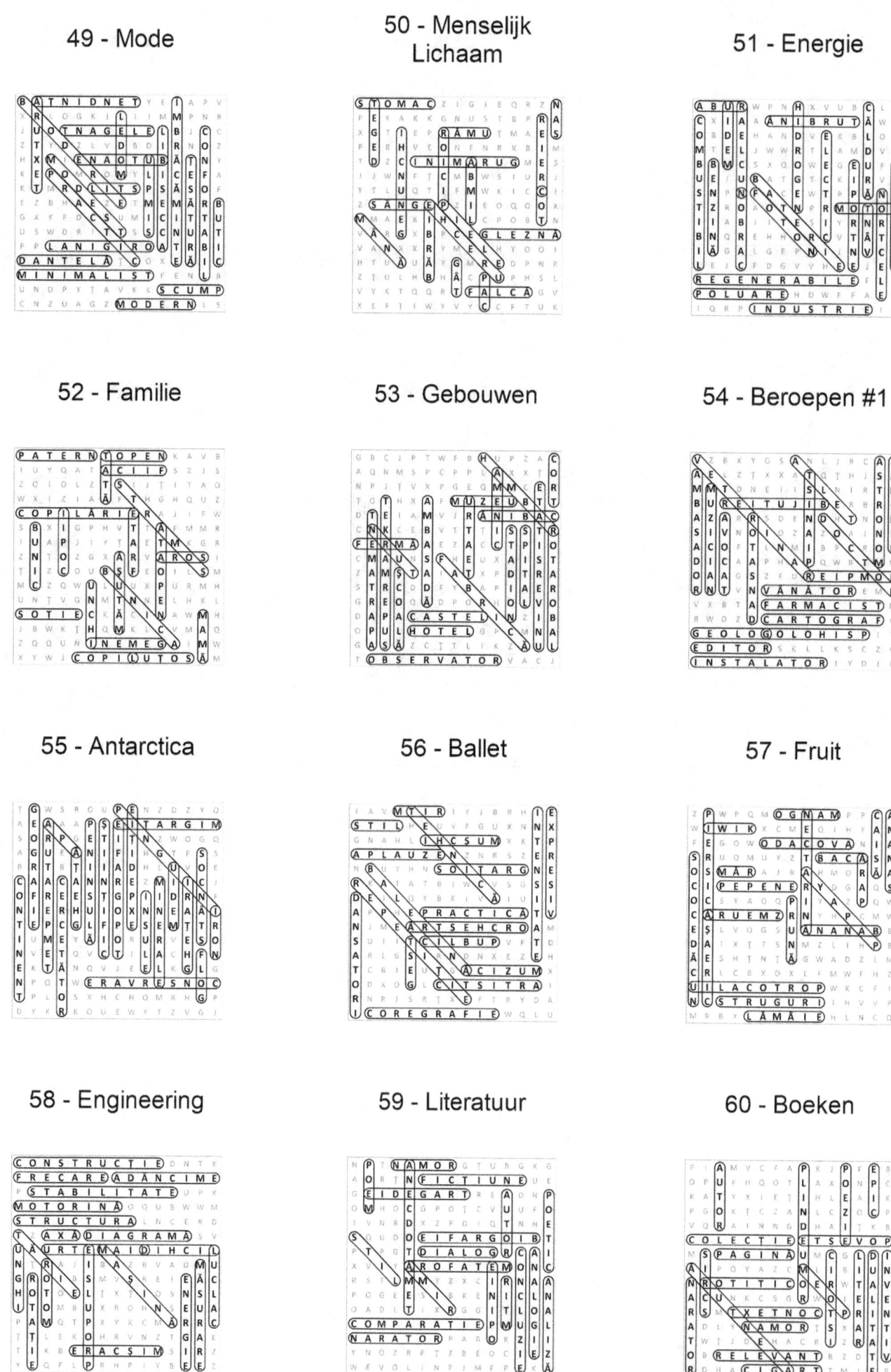

## 49 - Mode

## 50 - Menselijk Lichaam

## 51 - Energie

## 52 - Familie

## 53 - Gebouwen

## 54 - Beroepen #1

## 55 - Antarctica

## 56 - Ballet

## 57 - Fruit

## 58 - Engineering

## 59 - Literatuur

## 60 - Boeken

## 61 - Meer Informatie

## 62 - Regenwoud

## 63 - Haartypes

## 64 - Stad

## 65 - Creativiteit

## 66 - Natuur

## 67 - Zoogdieren

## 68 - Overheid

## 69 - Voertuigen

## 70 - Geografie

## 71 - Kunstbenodigdhe

## 72 - Barbecues

## 73 - Schoonheid

## 74 - Wetenschappelijk

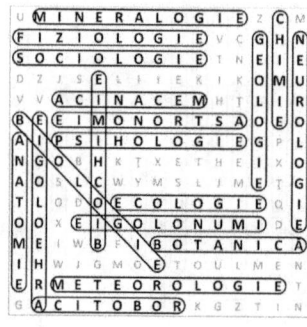

## 75 - Bijvoeglijke Naamwoorden

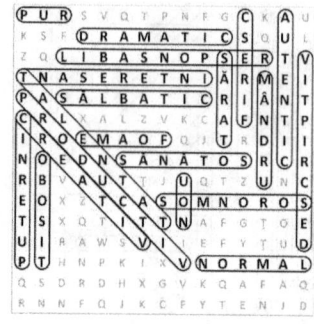

## 76 - Kleding

## 77 - Vliegtuigen

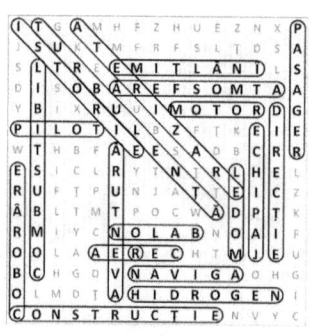

## 78 - Herbalisme

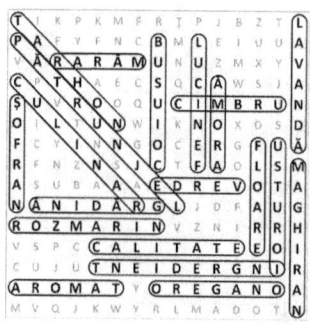

## 79 - Kracht en Zwaartekracht

## 80 - Het Bedrijf

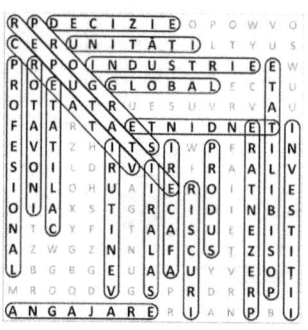

## 81 - Rijden

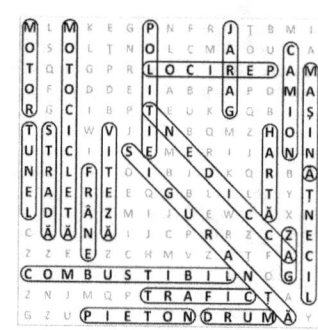

## 82 - Wetenschap

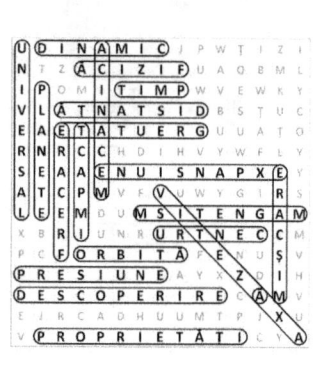

## 83 - Natuurkunde

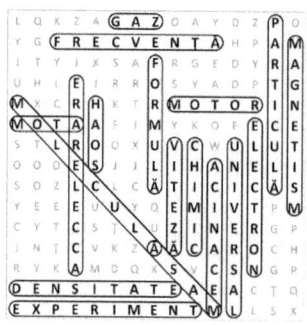

## 84 - Muziekinstrument

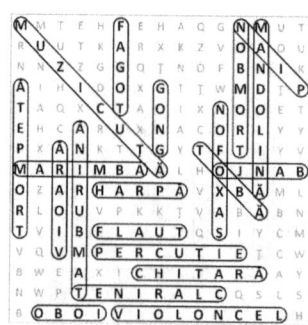

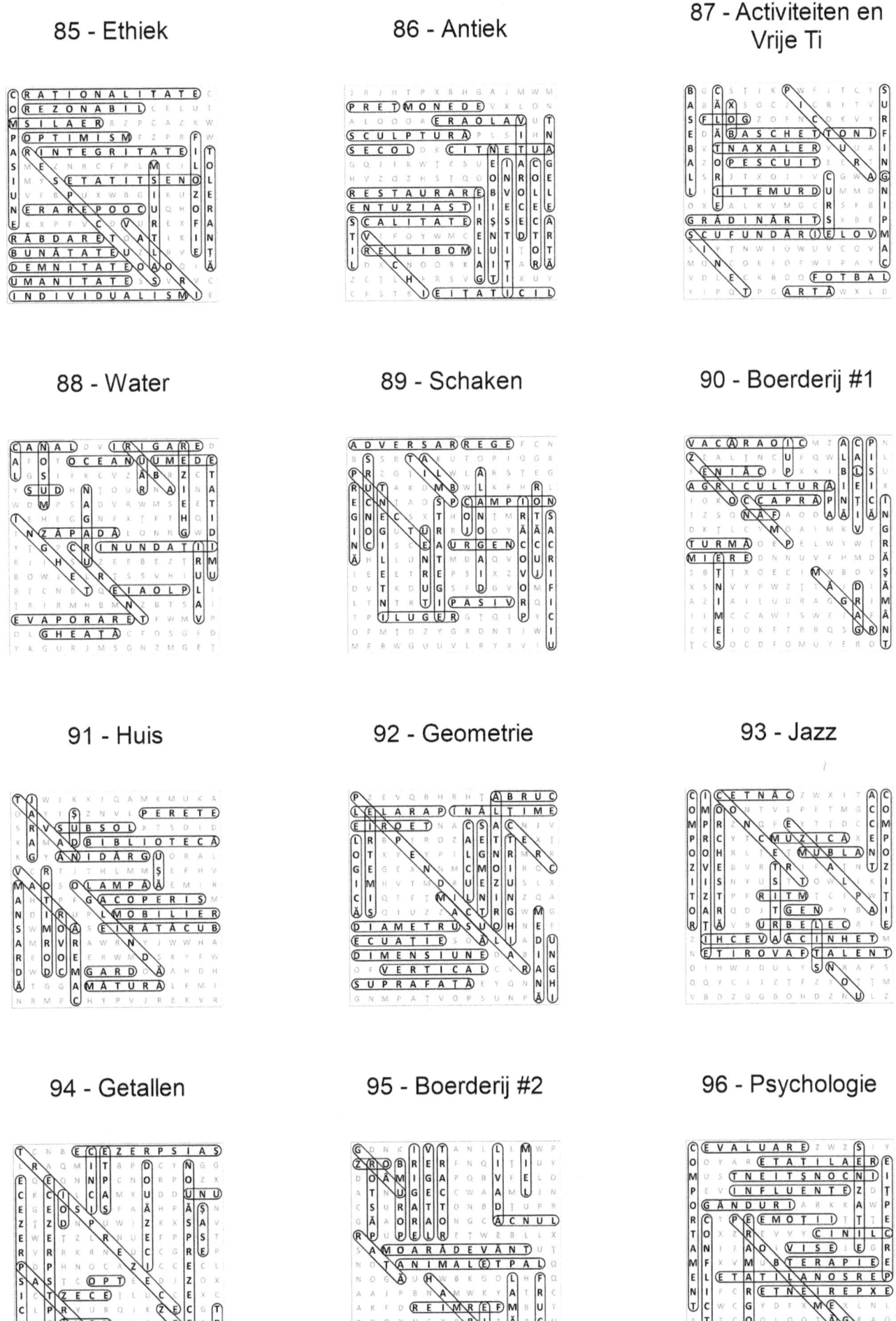

## 85 - Ethiek

## 86 - Antiek

## 87 - Activiteiten en Vrije Ti

## 88 - Water

## 89 - Schaken

## 90 - Boerderij #1

## 91 - Huis

## 92 - Geometrie

## 93 - Jazz

## 94 - Getallen

## 95 - Boerderij #2

## 96 - Psychologie

## 97 - Zakelijk

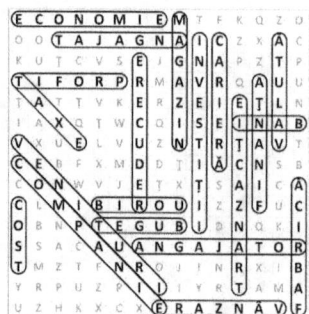

## 98 - Voeding

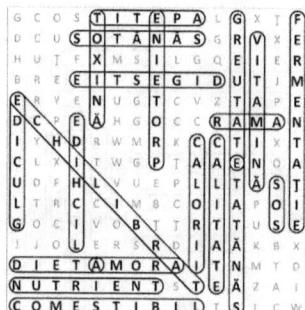

## 99 - Chemie

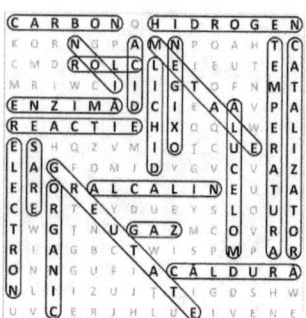

# Woordenboek

## Activiteiten
### Activități

| | |
|---|---|
| Activiteit | Activitate |
| Ambachten | Meşteşuguri |
| Dansen | Dans |
| Fotografie | Fotografie |
| Hengelsport | Pescuit |
| Jacht | Vânătoare |
| Kamperen | Camping |
| Keramiek | Ceramică |
| Kunst | Artă |
| Lezen | Lectură |
| Magie | Magie |
| Naaien | Cusut |
| Ontspanning | Relaxare |
| Plezier | Plăcere |
| Puzzels | Puzzle |
| Schilderij | Pictura |
| Tuinieren | Grădinărit |
| Vaardigheid | Îndemânare |
| Vrije Tijd | Timp Liber |
| Wandelen | Drumeții |

## Activiteiten en Vrije Ti
### Activități și Timp Liber

| | |
|---|---|
| Basketbal | Baschet |
| Boksen | Box |
| Duiken | Scufundări |
| Golf | Golf |
| Hengelsport | Pescuit |
| Honkbal | Baseball |
| Kamperen | Camping |
| Kunst | Artă |
| Ontspannen | Relaxant |
| Racen | Curse |
| Reis | Călătorie |
| Schilderij | Pictura |
| Surfen | Surfing |
| Tennis | Tenis |
| Tuinieren | Grădinărit |
| Voetbal | Fotbal |
| Volleybal | Volei |
| Wandelen | Drumeții |
| Zwemmen | Înot |

## Agronomie
### Agronomie

| | |
|---|---|
| Duurzaam | Durabilă |
| Ecologie | Ecologie |
| Energie | Energie |
| Erosie | Eroziune |
| Groei | Creştere |
| Groente | Legume |
| Identificatie | Identificare |
| Landbouw | Agricultură |
| Landelijk | Rural |
| Mest | Îngrăşământ |
| Omgeving | Mediu |
| Onderzoek | Cercetare |
| Organisch | Organic |
| Productie | Producție |
| Systemen | Sisteme |
| Vervuiling | Poluare |
| Water | Apă |
| Wetenschap | Ştiință |
| Zaden | Seminţe |
| Ziekten | Boli |

## Algebra
### Algebră

| | |
|---|---|
| Aftrekken | Scădere |
| Diagram | Diagramă |
| Exponent | Exponent |
| Factor | Factor |
| Formule | Formulă |
| Fractie | Fracțiune |
| Grafiek | Grafic |
| Haakje | Paranteză |
| Hoeveelheid | Cantitate |
| Lineair | Liniar |
| Matrix | Matrice |
| Nul | Zero |
| Oneindig | Infinit |
| Oplossing | Soluție |
| Probleem | Problemă |
| Som | Sumă |
| Vals | Fals |
| Variabele | Variabil |
| Vereenvoudigen | Simplifica |
| Vergelijking | Ecuație |

## Antarctica
### Antarctica

| | |
|---|---|
| Baai | Golf |
| Behoud | Conservare |
| Continent | Continent |
| Eilanden | Insule |
| Expeditie | Expediție |
| Geografie | Geografie |
| Gletsjers | Gheţari |
| Ijs | Gheață |
| Migratie | Migrație |
| Mineralen | Minerale |
| Omgeving | Mediu |
| Onderzoeker | Cercetător |
| Pinguïn | Pinguini |
| Rotsachtig | Stâncos |
| Schiereiland | Peninsulă |
| Temperatuur | Temperatura |
| Topografie | Topografie |
| Water | Apă |
| Wetenschappelijk | Ştiinţific |
| Wolken | Nori |

## Antiek
### Antichități

| | |
|---|---|
| Authentiek | Autentic |
| Beeldhouwwerk | Sculptură |
| Decoratief | Decorativ |
| Eeuw | Secol |
| Elegant | Elegant |
| Galerij | Galerie |
| Investering | Investiţii |
| Kunst | Artă |
| Kwaliteit | Calitate |
| Liefhebber | Entuziast |
| Meubilair | Mobilier |
| Munten | Monede |
| Ongewoon | Neobişnuit |
| Oud | Vechi |
| Prijs | Pret |
| Restauratie | Restaurare |
| Stijl | Stil |
| Veiling | Licitaţie |
| Verzamelaar | Colector |
| Waarde | Valoare |

## Archeologie
### Arheologie

| | |
|---|---|
| Analyse | Analiză |
| Beschaving | Civilizaţie |
| Botten | Oase |
| Deskundige | Expert |
| Evaluatie | Evaluare |
| Fossiel | Fosil |
| Fragmenten | Fragmente |
| Graf | Mormânt |
| Mysterie | Mister |
| Nakomeling | Descendent |
| Objecten | Obiecte |
| Onbekend | Necunoscut |
| Onderzoeker | Cercetător |
| Oudheid | Antichitate |
| Professor | Profesor |
| Relikwie | Relicvă |
| Team | Echipă |
| Tempel | Templu |
| Tijdperk | Eră |
| Vergeten | Uitat |

## Astronomie
### Astronomie

| | |
|---|---|
| Aarde | Pământ |
| Asteroïde | Asteroid |
| Astronaut | Astronaut |
| Astronoom | Astronom |
| Equinox | Echinocţiu |
| Komeet | Cometă |
| Kosmos | Cosmos |
| Maan | Luna |
| Meteoor | Meteor |
| Nevel | Nebuloasă |
| Observatorium | Observator |
| Planeet | Planetă |
| Raket | Rachetă |
| Satelliet | Satelit |
| Ster | Stea |
| Sterrenbeeld | Constelaţie |
| Straling | Radiaţie |
| Telescoop | Telescop |
| Universum | Univers |
| Zwaartekracht | Gravitaţie |

## Avontuur
### Aventuri

| | |
|---|---|
| Activiteit | Activitate |
| Bestemming | Destinaţie |
| Enthousiasme | Entuziasm |
| Excursie | Excursie |
| Gevaarlijk | Periculos |
| Kans | Şansă |
| Moed | Curaj |
| Moeilijkheid | Dificultate |
| Natuur | Natură |
| Navigatie | Navigare |
| Nieuw | Nou |
| Ongewoon | Neobişnuit |
| Reizen | Călătorii |
| Schoonheid | Frumuseţe |
| Uitdagingen | Provocări |
| Veiligheid | Siguranţă |
| Verrassend | Surprinzător |
| Voorbereiding | Pregătirea |
| Vreugde | Bucurie |
| Vrienden | Prieteni |

## Ballet
### Balet

| | |
|---|---|
| Applaus | Aplauze |
| Artistiek | Artistic |
| Ballerina | Balerină |
| Choreografie | Coregrafie |
| Componist | Compozitor |
| Dansers | Dansatori |
| Expressief | Expresiv |
| Gebaar | Gest |
| Intensiteit | Intensitate |
| Muziek | Muzică |
| Orkest | Orchestră |
| Praktijk | Practică |
| Publiek | Public |
| Repetitie | Repetiţie |
| Ritme | Ritm |
| Sierlijk | Graţios |
| Spieren | Muşchi |
| Stijl | Stil |
| Techniek | Tehnică |
| Vaardigheid | Îndemânare |

## Barbecues
### Grătare

| | |
|---|---|
| Diner | Cina |
| Familie | Familie |
| Fruit | Fruct |
| Grill | Grătar |
| Groente | Legume |
| Heet | Fierbinte |
| Honger | Foame |
| Kip | Pui |
| Lunch | Prânz |
| Messen | Cuţite |
| Muziek | Muzică |
| Peper | Piper |
| Salades | Salate |
| Saus | Sos |
| Tomaten | Rosii |
| Uien | Ceapă |
| Uitnodiging | Invitaţie |
| Vorken | Furci |
| Zomer | Vară |
| Zout | Sare |

## Beeldende Kunsten
### Arte Vizuale

| | |
|---|---|
| Architectuur | Arhitectură |
| Artiest | Artist |
| Beeldhouwwerk | Sculptură |
| Creativiteit | Creativitate |
| Ezel | Şevalet |
| Film | Film |
| Foto | Fotografie |
| Houtskool | Cărbune |
| Keramiek | Ceramică |
| Klei | Argilă |
| Krijt | Cretă |
| Meesterwerk | Capodoperă |
| Pen | Pix |
| Perspectief | Perspectivă |
| Portret | Portret |
| Potlood | Creion |
| Samenstelling | Compoziţie |
| Schilderij | Pictura |
| Vernis | Lac |
| Was | Ceară |

## Beroepen #1
### Profesiile #1

| | |
|---|---|
| Advocaat | Avocat |
| Ambassadeur | Ambasador |
| Apotheker | Farmacist |
| Astronoom | Astronom |
| Atleet | Atlet |
| Bankier | Bancher |
| Brandweerman | Pompier |
| Cartograaf | Cartograf |
| Danser | Dansator |
| Dierenarts | Veterinar |
| Dokter | Doctor |
| Editor | Editor |
| Geoloog | Geolog |
| Jager | Vânător |
| Juwelier | Bijutier |
| Loodgieter | Instalator |
| Muzikant | Muzician |
| Pianist | Pianist |
| Psycholoog | Psiholog |
| Wetenschapper | Om de Știință |

## Beroepen #2
### Profesiile #2

| | |
|---|---|
| Arts | Medic |
| Astronaut | Astronaut |
| Bibliothecaris | Bibliotecar |
| Bioloog | Biolog |
| Boer | Fermier |
| Chirurg | Chirurg |
| Detective | Detectiv |
| Filosoof | Filozof |
| Fotograaf | Fotograf |
| Illustrator | Ilustrator |
| Ingenieur | Inginer |
| Journalist | Jurnalist |
| Leraar | Profesor |
| Linguïst | Lingvist |
| Onderzoeker | Cercetător |
| Piloot | Pilot |
| Schilder | Pictor |
| Tandarts | Dentist |
| Tuinman | Grădinar |
| Uitvinder | Inventator |

## Bijen
### Albinele

| | |
|---|---|
| Bestuiver | Polenizator |
| Bijenkorf | Stup |
| Bloemen | Flori |
| Diversiteit | Diversitate |
| Ecosysteem | Ecosistem |
| Fruit | Fruct |
| Habitat | Habitat |
| Honing | Miere |
| Insect | Insectă |
| Koningin | Regină |
| Planten | Plante |
| Rook | Fum |
| Stuifmeel | Polen |
| Tuin | Grădină |
| Vleugels | Aripi |
| Voedsel | Alimente |
| Voordelig | Benefic |
| Was | Ceară |
| Zon | Soare |
| Zwerm | Roi |

## Bijvoeglijke Naamwoorden
### Adjective #1

| | |
|---|---|
| Aantrekkelijk | Atractiv |
| Actief | Activ |
| Ambitieus | Ambițios |
| Aromatisch | Aromat |
| Artistiek | Artistic |
| Belangrijk | Important |
| Diep | Adânc |
| Donker | Întuneric |
| Dun | Subțire |
| Eerlijk | Sincer |
| Exotisch | Exotic |
| Identiek | Identic |
| Jong | Tineri |
| Lang | Lung |
| Langzaam | Încet |
| Modern | Modern |
| Onschuldig | Nevinovat |
| Perfect | Perfect |
| Waardevol | Valoros |
| Zwaar | Greu |

## Bijvoeglijke Naamwoorden
### Adjective #2

| | |
|---|---|
| Authentiek | Autentic |
| Begaafd | Talentat |
| Beschrijvend | Descriptiv |
| Creatief | Creativ |
| Dramatisch | Dramatic |
| Gezond | Sănătos |
| Hongerig | Foame |
| Interessant | Interesant |
| Moe | Obosit |
| Natuurlijk | Firesc |
| Nieuw | Nou |
| Normaal | Normal |
| Productief | Productiv |
| Slaperig | Somnoros |
| Sterk | Puternic |
| Trots | Mândru |
| Verantwoordelijk | Responsabil |
| Wild | Sălbatic |
| Zout | Sărat |
| Zuiver | Pur |

## Biologie
### Biologie

| | |
|---|---|
| Ademhaling | Respirație |
| Anatomie | Anatomie |
| Cel | Celulă |
| Chromosoom | Cromozom |
| Collageen | Colagen |
| Eiwit | Proteină |
| Embryo | Embrion |
| Enzym | Enzimă |
| Evolutie | Evoluție |
| Fotosynthese | Fotosinteză |
| Hormoon | Hormon |
| Mutatie | Mutație |
| Natuurlijk | Firesc |
| Neuron | Neuron |
| Osmose | Osmoză |
| Reptiel | Reptilă |
| Symbiose | Simbioză |
| Synaps | Sinapsă |
| Zenuw | Nerv |
| Zoogdier | Mamifer |

## Boeken
### Cărți

| | |
|---|---|
| Auteur | Autor |
| Avontuur | Aventură |
| Bladzijde | Pagină |
| Collectie | Colecție |
| Context | Context |
| Dualiteit | Dualitate |
| Episch | Epic |
| Gedicht | Poem |
| Geschreven | Scris |
| Historisch | Istoric |
| Humoristisch | Plin de Umor |
| Inventief | Inventiv |
| Lezer | Cititor |
| Literair | Literar |
| Poëzie | Poezie |
| Relevant | Relevant |
| Roman | Roman |
| Tragisch | Tragic |
| Verhaal | Poveste |
| Verteller | Narator |

## Boerderij #1
### Ferma # 1

| | |
|---|---|
| Bij | Albină |
| Ezel | Măgar |
| Geit | Capră |
| Hek | Gard |
| Hond | Câine |
| Honing | Miere |
| Hooi | Fân |
| Kalf | Vițel |
| Kat | Pisică |
| Kip | Pui |
| Koe | Vacă |
| Kraai | Cioară |
| Kudde | Turmă |
| Landbouw | Agricultură |
| Mest | Îngrășământ |
| Paard | Cal |
| Rijst | Orez |
| Veld | Câmp |
| Water | Apă |
| Zaden | Semințe |

## Boerderij #2
### Ferma # 2

| | |
|---|---|
| Bijenkorf | Stup |
| Boer | Fermier |
| Boomgaard | Livadă |
| Dieren | Animale |
| Eend | Rață |
| Fruit | Fruct |
| Gerst | Orz |
| Groente | Vegetal |
| Herder | Păstor |
| Irrigatie | Irigare |
| Lam | Miel |
| Lama | Lamă |
| Maïs | Porumb |
| Melk | Lapte |
| Schaap | Oaie |
| Schuur | Hambar |
| Tarwe | Grâu |
| Tractor | Tractor |
| Weide | Luncă |
| Windmolen | Moară de Vânt |

## Boten
### Barci

| | |
|---|---|
| Anker | Ancoră |
| Bemanning | Echipaj |
| Boei | Geamandură |
| Dok | Dock |
| Golven | Valuri |
| Jacht | Iaht |
| Kajak | Caiac |
| Kano | Canoe |
| Maritiem | Maritim |
| Mast | Catarg |
| Matroos | Marinar |
| Meer | Lac |
| Motor | Motor |
| Nautisch | Nautic |
| Oceaan | Ocean |
| Rivier | Râu |
| Touw | Frânghie |
| Veerboot | Bac |
| Vlot | Plută |
| Zee | Mare |

## Camping
### Camping

| | |
|---|---|
| Avontuur | Aventură |
| Berg | Munte |
| Bomen | Copaci |
| Bos | Pădure |
| Brand | Foc |
| Cabine | Cabină |
| Dieren | Animale |
| Hangmat | Hamac |
| Hoed | Pălărie |
| Insect | Insectă |
| Jacht | Vânătoare |
| Kaart | Hartă |
| Kano | Canoe |
| Kompas | Busolă |
| Lantaarn | Felinar |
| Maan | Luna |
| Meer | Lac |
| Natuur | Natură |
| Tent | Cort |
| Touw | Frânghie |

## Chemie
### Chimie

| | |
|---|---|
| Alkalisch | Alcalin |
| Chloor | Clor |
| Elektron | Electron |
| Enzym | Enzimă |
| Gas | Gaz |
| Gewicht | Greutate |
| Ion | Ion |
| Katalysator | Catalizator |
| Koolstof | Carbon |
| Metalen | Metale |
| Molecuul | Moleculă |
| Organisch | Organic |
| Reactie | Reacție |
| Temperatuur | Temperatura |
| Vloeistof | Lichid |
| Warmte | Căldură |
| Waterstof | Hidrogen |
| Zout | Sare |
| Zuur | Acid |
| Zuurstof | Oxigen |

## Chocolade
### Ciocolată

| | |
|---|---|
| **Antioxidant** | Antioxidant |
| **Bitter** | Amar |
| **Cacao** | Cacao |
| **Calorieën** | Calorii |
| **Exotisch** | Exotic |
| **Favoriet** | Favorit |
| **Heerlijk** | Delicios |
| **Ingrediënt** | Ingredient |
| **Karamel** | Caramel |
| **Kokosnoot** | Nucă de Cocos |
| **Kwaliteit** | Calitate |
| **Pinda'S** | Arahide |
| **Recept** | Rețetă |
| **Smaak** | Aromă |
| **Smaak** | Gust |
| **Snoep** | Bomboane |
| **Suiker** | Zahăr |
| **Verlangen** | Pofta |
| **Zoet** | Dulce |

## Creativiteit
### Creativitate

| | |
|---|---|
| **Artistiek** | Artistic |
| **Beeld** | Imagine |
| **Dramatisch** | Dramatic |
| **Echtheid** | Autenticitate |
| **Emoties** | Emoții |
| **Gevoel** | Senzație |
| **Gevoelens** | Sentimente |
| **Helderheid** | Claritate |
| **Indruk** | Impresie |
| **Inspiratie** | Inspirație |
| **Intensiteit** | Intensitate |
| **Intuïtie** | Intuiție |
| **Inventief** | Inventiv |
| **Spontaan** | Spontan |
| **Uitdrukking** | Expresie |
| **Vaardigheid** | Îndemânare |
| **Verbeelding** | Imaginație |
| **Visioenen** | Viziuni |
| **Vitaliteit** | Vitalitate |
| **Vloeibaarheid** | Fluiditate |

## Dagen en Maanden
### Zile și Lunile

| | |
|---|---|
| **Augustus** | August |
| **Dinsdag** | Marți |
| **Donderdag** | Joi |
| **Februari** | Februarie |
| **Jaar** | An |
| **Januari** | Ianuarie |
| **Juli** | Iulie |
| **Juni** | Iunie |
| **Kalender** | Calendar |
| **Maand** | Lună |
| **Maandag** | Luni |
| **Maart** | Martie |
| **November** | Noiembrie |
| **Oktober** | Octombrie |
| **September** | Septembrie |
| **Vrijdag** | Vineri |
| **Week** | Săptămână |
| **Woensdag** | Miercuri |
| **Zaterdag** | Sâmbătă |
| **Zondag** | Duminică |

## Dans
### Dance

| | |
|---|---|
| **Academie** | Academie |
| **Beweging** | Mișcare |
| **Blij** | Vesel |
| **Choreografie** | Coregrafie |
| **Cultureel** | Cultural |
| **Cultuur** | Cultură |
| **Emotie** | Emoție |
| **Expressief** | Expresiv |
| **Genade** | Grație |
| **Houding** | Postură |
| **Klassiek** | Clasic |
| **Kunst** | Artă |
| **Lichaam** | Corp |
| **Muziek** | Muzică |
| **Partner** | Partener |
| **Repetitie** | Repetiție |
| **Ritme** | Ritm |
| **Traditioneel** | Tradițional |
| **Visueel** | Vizual |

## De Media
### Mass-Media

| | |
|---|---|
| **Commercieel** | Comercial |
| **Communicatie** | Comunicare |
| **Digitaal** | Digital |
| **Editie** | Ediție |
| **Feiten** | Fapte |
| **Financiering** | Finanțarea |
| **Houding** | Atitudini |
| **Individueel** | Individual |
| **Industrie** | Industrie |
| **Intellectueel** | Intelectual |
| **Kranten** | Presă |
| **Lokaal** | Local |
| **Mening** | Opinie |
| **Netwerk** | Rețea |
| **Onderwijs** | Educație |
| **Online** | Online |
| **Publiek** | Public |
| **Radio** | Radio |
| **Televisie** | Televiziune |
| **Tijdschriften** | Reviste |

## Diplomatie
### Diplomație

| | |
|---|---|
| **Adviseur** | Consilier |
| **Ambassade** | Ambasadă |
| **Ambassadeur** | Ambasador |
| **Burgers** | Cetățeni |
| **Conflict** | Conflict |
| **Diplomatiek** | Diplomatic |
| **Discussie** | Discuție |
| **Ethiek** | Etică |
| **Gemeenschap** | Comunitate |
| **Gerechtigheid** | Dreptate |
| **Humanitair** | Umanitar |
| **Integriteit** | Integritate |
| **Oplossing** | Soluție |
| **Politiek** | Politică |
| **Regering** | Guvern |
| **Resolutie** | Rezoluție |
| **Samenwerking** | Cooperare |
| **Talen** | Limbi |
| **Veiligheid** | Securitate |
| **Verdrag** | Tratat |

## Ecologie
### Ecologie

| | |
|---|---|
| Diversiteit | Diversitate |
| Droogte | Secetă |
| Duurzaam | Durabilă |
| Fauna | Faună |
| Flora | Floră |
| Gemeenschappen | Comunități |
| Globaal | Global |
| Habitat | Habitat |
| Klimaat | Climat |
| Marinier | Marin |
| Moeras | Mlaștină |
| Natuur | Natură |
| Natuurlijk | Firesc |
| Overleving | Supraviețuire |
| Planten | Plante |
| Soort | Specie |
| Variëteit | Varietate |
| Vegetatie | Vegetație |
| Vrijwilligers | Voluntari |

## Emoties
### Emoții

| | |
|---|---|
| Angst | Frică |
| Beschaamd | Jenat |
| Dankbaar | Recunoscător |
| Droefheid | Tristețe |
| Gelukzaligheid | Fericire |
| Inhoud | Conținut |
| Kalm | Calm |
| Liefde | Dragoste |
| Ontspannen | Relaxat |
| Opgewonden | Excitat |
| Rust | Liniște |
| Sympathie | Simpatie |
| Tederheid | Sensibilitate |
| Tevreden | Satisfăcut |
| Verrassing | Surpriză |
| Verveling | Plictiseală |
| Vrede | Pace |
| Vreugde | Bucurie |
| Vriendelijkheid | Bunătate |
| Woede | Furie |

## Energie
### Energie

| | |
|---|---|
| Accu | Baterie |
| Benzine | Benzină |
| Brandstof | Combustibil |
| Diesel | Motorină |
| Elektrisch | Electric |
| Elektron | Electron |
| Entropie | Entropie |
| Foton | Foton |
| Hernieuwbaar | Regenerabile |
| Industrie | Industrie |
| Koolstof | Carbon |
| Motor | Motor |
| Nucleair | Nuclear |
| Omgeving | Mediu |
| Stoom | Abur |
| Turbine | Turbină |
| Vervuiling | Poluare |
| Warmte | Căldură |
| Waterstof | Hidrogen |
| Wind | Vânt |

## Engineering
### Inginerie

| | |
|---|---|
| As | Axă |
| Berekening | Calcul |
| Beweging | Mișcare |
| Bouw | Construcție |
| Diagram | Diagramă |
| Diameter | Diametru |
| Diepte | Adâncime |
| Diesel | Motorină |
| Energie | Energie |
| Hoek | Unghi |
| Kracht | Tărie |
| Machine | Mașină |
| Meting | Măsurare |
| Motor | Motor |
| Rotatie | Rotație |
| Stabiliteit | Stabilitate |
| Structuur | Structura |
| Vloeistof | Lichid |
| Voortstuwing | Propulsie |
| Wrijving | Frecare |

## Eten #1
### Alimente #1

| | |
|---|---|
| Aardbei | Căpșună |
| Abrikoos | Caisă |
| Basilicum | Busuioc |
| Citroen | Lămâie |
| Gerst | Orz |
| Kaneel | Scorțișoară |
| Knoflook | Usturoi |
| Melk | Lapte |
| Peer | Pară |
| Pinda | Arahidă |
| Salade | Salată |
| Sap | Suc |
| Soep | Supă |
| Spinazie | Spanac |
| Suiker | Zahăr |
| Tonijn | Ton |
| Ui | Ceapă |
| Vlees | Carne |
| Wortel | Morcov |
| Zout | Sare |

## Eten #2
### Alimente #2

| | |
|---|---|
| Amandel | Migdală |
| Ananas | Ananas |
| Appel | Măr |
| Asperge | Sparanghel |
| Aubergine | Vânătă |
| Banaan | Banană |
| Broccoli | Broccoli |
| Brood | Pâine |
| Druif | Struguri |
| Ei | Ou |
| Ham | Șuncă |
| Kaas | Brânză |
| Kip | Pui |
| Kiwi | Kiwi |
| Perzik | Piersică |
| Rijst | Orez |
| Tarwe | Grâu |
| Tomaat | Roșie |
| Vis | Pește |
| Yoghurt | Iaurt |

## Ethiek
### Etica

| | |
|---|---|
| **Altruïsme** | Altruism |
| **Diplomatiek** | Diplomatic |
| **Eerbiedig** | Respectuos |
| **Eerlijkheid** | Onestitate |
| **Filosofie** | Filozofie |
| **Geduld** | Răbdare |
| **Individualisme** | Individualism |
| **Integriteit** | Integritate |
| **Mededogen** | Compasiune |
| **Mensheid** | Umanitate |
| **Optimisme** | Optimism |
| **Rationaliteit** | Raționalitate |
| **Realisme** | Realism |
| **Redelijk** | Rezonabil |
| **Samenwerking** | Cooperare |
| **Tolerantie** | Toleranță |
| **Vriendelijkheid** | Bunătate |
| **Waarden** | Valori |
| **Waardigheid** | Demnitate |
| **Wijsheid** | Înțelepciune |

## Familie
### Familie

| | |
|---|---|
| **Broer** | Frate |
| **Dochter** | Fiica |
| **Grootmoeder** | Bunica |
| **Jeugd** | Copilărie |
| **Kind** | Copil |
| **Kinderen** | Copii |
| **Kleinzoon** | Nepot |
| **Man** | Soțul |
| **Moeder** | Mamă |
| **Neef** | Nepot |
| **Nicht** | Nepoată |
| **Oom** | Unchi |
| **Opa** | Bunic |
| **Tante** | Mătușă |
| **Tweeling** | Gemeni |
| **Vader** | Tată |
| **Vaderlijk** | Patern |
| **Voorouder** | Strămoș |
| **Vrouw** | Soție |
| **Zus** | Sora |

## Fruit
### Fructe

| | |
|---|---|
| **Abrikoos** | Caisă |
| **Ananas** | Ananas |
| **Appel** | Măr |
| **Avocado** | Avocado |
| **Banaan** | Banană |
| **Bes** | Bacă |
| **Citroen** | Lămâie |
| **Druif** | Struguri |
| **Framboos** | Zmeură |
| **Kers** | Cireașă |
| **Kiwi** | Kiwi |
| **Kokosnoot** | Nucă de Cocos |
| **Mango** | Mango |
| **Meloen** | Pepene |
| **Nectarine** | Nectarină |
| **Oranje** | Portocaliu |
| **Papaja** | Papaya |
| **Peer** | Pară |
| **Perzik** | Piersică |
| **Pruim** | Prună |

## Gebouwen
### Constructii

| | |
|---|---|
| **Ambassade** | Ambasadă |
| **Appartement** | Apartament |
| **Bioscoop** | Cinema |
| **Boerderij** | Fermă |
| **Cabine** | Cabină |
| **Fabriek** | Fabrică |
| **Hotel** | Hotel |
| **Kasteel** | Castel |
| **Laboratorium** | Laborator |
| **Museum** | Muzeu |
| **Observatorium** | Observator |
| **School** | Școală |
| **Schuur** | Hambar |
| **Stadion** | Stadion |
| **Supermarkt** | Supermarket |
| **Tent** | Cort |
| **Theater** | Teatru |
| **Toren** | Turn |
| **Universiteit** | Universitate |
| **Ziekenhuis** | Spital |

## Geografie
### Geografie

| | |
|---|---|
| **Atlas** | Atlas |
| **Berg** | Munte |
| **Breedtegraad** | Latitudine |
| **Continent** | Continent |
| **Eiland** | Insulă |
| **Evenaar** | Ecuator |
| **Halfrond** | Emisferă |
| **Hoogte** | Altitudine |
| **Kaart** | Hartă |
| **Land** | Țară |
| **Meridiaan** | Meridian |
| **Noorden** | Nord |
| **Oceaan** | Ocean |
| **Regio** | Regiune |
| **Rivier** | Râu |
| **Stad** | Oraș |
| **Wereld** | Lume |
| **Westen** | Vest |
| **Zee** | Mare |
| **Zuiden** | Sud |

## Geologie
### Geologie

| | |
|---|---|
| **Aardbeving** | Cutremur |
| **Calcium** | Calciu |
| **Continent** | Continent |
| **Erosie** | Eroziune |
| **Fossiel** | Fosil |
| **Geiser** | Gheizer |
| **Gesmolten** | Topit |
| **Grot** | Cavernă |
| **Koraal** | Coral |
| **Kristallen** | Cristale |
| **Kwarts** | Cuarț |
| **Laag** | Strat |
| **Lava** | Lavă |
| **Plateau** | Platou |
| **Stalactiet** | Stalactit |
| **Steen** | Piatră |
| **Vulkaan** | Vulcan |
| **Zone** | Zonă |
| **Zout** | Sare |
| **Zuur** | Acid |

## Geometrie
### Geometrie

| | |
|---|---|
| Berekening | Calcul |
| Cirkel | Cerc |
| Curve | Curbă |
| Diameter | Diametru |
| Dimensie | Dimensiune |
| Driehoek | Triunghi |
| Hoek | Unghi |
| Hoogte | Înălțime |
| Horizontaal | Orizontală |
| Logica | Logică |
| Loodrecht | Perpendicular |
| Massa | Masă |
| Mediaan | Mediană |
| Oppervlak | Suprafață |
| Parallel | Paralel |
| Segment | Segment |
| Symmetrie | Simetrie |
| Theorie | Teorie |
| Vergelijking | Ecuație |
| Verticaal | Vertical |

## Getallen
### Numerele

| | |
|---|---|
| Acht | Opt |
| Achttien | Optsprezece |
| Dertien | Treisprezece |
| Drie | Trei |
| Een | Unu |
| Negen | Nouă |
| Negentien | Nouăsprezece |
| Nul | Zero |
| Tien | Zece |
| Twaalf | Doisprezece |
| Twee | Doi |
| Twintig | Douăzeci |
| Veertien | Paisprezece |
| Vier | Patru |
| Vijf | Cinci |
| Vijftien | Cincisprezece |
| Zes | Șase |
| Zestien | Șaisprezece |
| Zeven | Șapte |
| Zeventien | Șaptesprezece |

## Gezondheid en Welzijn #1
### Sănătate și Bunăstare #1

| | |
|---|---|
| Actief | Activ |
| Apotheek | Farmacie |
| Bacteriën | Bacterii |
| Behandeling | Tratament |
| Breuk | Fractură |
| Dokter | Doctor |
| Gewoonte | Obicei |
| Honger | Foame |
| Hoogte | Înălțime |
| Hormonen | Hormoni |
| Houding | Postură |
| Huid | Piele |
| Kliniek | Clinica |
| Medicijn | Medicină |
| Ontspanning | Relaxare |
| Reflex | Reflex |
| Spieren | Mușchi |
| Therapie | Terapie |
| Virus | Virus |
| Zenuwen | Nervi |

## Gezondheid en Welzijn #2
### Sănătate și Bunăstare #2

| | |
|---|---|
| Allergie | Alergie |
| Anatomie | Anatomie |
| Bloed | Sânge |
| Calorie | Calorii |
| Dieet | Dietă |
| Energie | Energie |
| Genetica | Genetică |
| Gewicht | Greutate |
| Gezond | Sănătos |
| Herstel | Recuperare |
| Hygiëne | Igienă |
| Infectie | Infecție |
| Lichaam | Corp |
| Massage | Masaj |
| Spijsvertering | Digestie |
| Stress | Stres |
| Vitamine | Vitamină |
| Voeding | Nutriție |
| Ziekenhuis | Spital |
| Ziekte | Boala |

## Groenten
### Legume

| | |
|---|---|
| Artisjok | Anghinare |
| Aubergine | Vânătă |
| Broccoli | Broccoli |
| Erwt | Mazăre |
| Gember | Ghimbir |
| Knoflook | Usturoi |
| Komkommer | Castravete |
| Olijf | Măslină |
| Paddestoel | Ciupercă |
| Peterselie | Pătrunjel |
| Pompoen | Dovleac |
| Raap | Nap |
| Radijs | Ridiche |
| Salade | Salată |
| Selderij | Țelină |
| Sjalot | Șalotă |
| Spinazie | Spanac |
| Tomaat | Roșie |
| Ui | Ceapă |
| Wortel | Morcov |

## Haartypes
### Tipuri de Par

| | |
|---|---|
| Blond | Blond |
| Bruin | Maro |
| Dik | Gros |
| Droog | Uscat |
| Dun | Subțire |
| Gekleurd | Colorate |
| Gevlochten | Împletit |
| Gezond | Sănătos |
| Golvend | Ondulat |
| Grijs | Gri |
| Hoofdhuid | Scalp |
| Kaal | Chel |
| Kort | Scurt |
| Krullen | Bucle |
| Krullend | Cret |
| Lang | Lung |
| Wit | Alb |
| Zacht | Moale |
| Zilver | Argint |
| Zwart | Negru |

## Herbalisme
### Plante Medicinale

| | |
|---|---|
| Aromatisch | Aromat |
| Basilicum | Busuioc |
| Bloem | Floare |
| Culinair | Culinar |
| Dille | Mărar |
| Dragon | Tarhon |
| Groen | Verde |
| Ingrediënt | Ingredient |
| Knoflook | Usturoi |
| Kwaliteit | Calitate |
| Lavendel | Lavandă |
| Marjolein | Maghiran |
| Oregano | Oregano |
| Peterselie | Pătrunjel |
| Rozemarijn | Rozmarin |
| Saffraan | Șofran |
| Smaak | Aromă |
| Tijm | Cimbru |
| Tuin | Grădină |
| Venkel | Fenicul |

## Het Bedrijf
### Compania

| | |
|---|---|
| Beslissing | Decizie |
| Creatief | Creativ |
| Eenheden | Unități |
| Globaal | Global |
| Industrie | Industrie |
| Inkomsten | Venituri |
| Innovatief | Inovator |
| Investering | Investiții |
| Kwaliteit | Calitate |
| Loon | Salarii |
| Mogelijkheid | Posibilitate |
| Presentatie | Prezentare |
| Product | Produs |
| Professioneel | Profesional |
| Reputatie | Reputatie |
| Risico'S | Riscuri |
| Trends | Tendințe |
| Vooruitgang | Progres |
| Werkgelegenheid | Angajare |
| Zaak | Afaceri |

## Huis
### Casa

| | |
|---|---|
| Bezem | Mătură |
| Bibliotheek | Bibliotecă |
| Dak | Acoperiș |
| Deur | Ușă |
| Douche | Duș |
| Garage | Garaj |
| Haard | Vatră |
| Hek | Gard |
| Kamer | Cameră |
| Kelder | Subsol |
| Keuken | Bucătărie |
| Lamp | Lampă |
| Meubilair | Mobilier |
| Muur | Perete |
| Plafond | Tavan |
| Slaapkamer | Dormitor |
| Spiegel | Oglindă |
| Tapijt | Covor |
| Tuin | Grădină |
| Zolder | Mansardă |

## Installaties
### Plante

| | |
|---|---|
| Bamboe | Bambus |
| Bes | Bacă |
| Blad | Frunză |
| Bloem | Floare |
| Boom | Copac |
| Boon | Fasole |
| Bos | Pădure |
| Cactus | Cactus |
| Flora | Floră |
| Gebladerte | Frunze |
| Gras | Iarbă |
| Groeien | Crește |
| Klimop | Iederă |
| Mest | Îngrășământ |
| Mos | Mușchi |
| Plantkunde | Botanică |
| Struik | Tufiș |
| Tuin | Grădină |
| Vegetatie | Vegetație |
| Wortel | Rădăcină |

## Jazz
### Jazz

| | |
|---|---|
| Album | Album |
| Applaus | Aplauze |
| Artiest | Artist |
| Beroemd | Celebru |
| Componist | Compozitor |
| Concert | Concert |
| Favorieten | Favorite |
| Genre | Gen |
| Improvisatie | Improvizație |
| Lied | Cântec |
| Muziek | Muzică |
| Nadruk | Accent |
| Nieuw | Nou |
| Orkest | Orchestră |
| Oud | Vechi |
| Ritme | Ritm |
| Samenstelling | Compoziție |
| Stijl | Stil |
| Talent | Talent |
| Techniek | Tehnică |

## Keuken
### Bucătărie

| | |
|---|---|
| Cup | Cupe |
| Eetstokjes | Bețișoare |
| Grill | Grătar |
| Ketel | Ceainic |
| Koelkast | Frigider |
| Kom | Castron |
| Kruik | Ulcior |
| Lepels | Linguri |
| Messen | Cuțite |
| Oven | Cuptor |
| Pollepel | Polonic |
| Pot | Borcan |
| Recept | Rețetă |
| Schort | Șorț |
| Servet | Șervețel |
| Specerijen | Condimente |
| Spons | Burete |
| Voedsel | Alimente |
| Vorken | Furci |
| Vriezer | Congelator |

## Kleding
### Haine

| | |
|---|---|
| Armband | Brățară |
| Blouse | Bluză |
| Broek | Pantaloni |
| Handschoenen | Mănuși |
| Hoed | Pălărie |
| Jas | Haina |
| Jasje | Sacou |
| Jurk | Rochie |
| Ketting | Colier |
| Mode | Modă |
| Pyjama | Pijama |
| Riem | Curea |
| Rok | Fusta |
| Sandalen | Sandale |
| Schoen | Pantof |
| Schort | Șorț |
| Shirt | Cămașă |
| Sjaal | Eșarfă |
| Sokken | Șosete |
| Trui | Pulover |

## Kracht en Zwaartekracht
### Forța și Gravitatea

| | |
|---|---|
| Afstand | Distanță |
| As | Axă |
| Baan | Orbită |
| Beweging | Mișcare |
| Centrum | Centru |
| Druk | Presiune |
| Dynamisch | Dinamic |
| Eigendommen | Proprietăți |
| Gewicht | Greutate |
| Impact | Impact |
| Magnetisme | Magnetism |
| Mechanica | Mecanica |
| Natuurkunde | Fizică |
| Ontdekking | Descoperire |
| Planeten | Planete |
| Snelheid | Viteză |
| Tijd | Timp |
| Uitbreiding | Expansiune |
| Universeel | Universal |
| Wrijving | Frecare |

## Kunstbenodigdheden
### Materiale de Artă

| | |
|---|---|
| Acryl | Acrilic |
| Aquarellen | Acuarele |
| Borstels | Perii |
| Camera | Aparat Foto |
| Creativiteit | Creativitate |
| Ezel | Șevalet |
| Gom | Radieră |
| Houtskool | Cărbune |
| Inkt | Cerneală |
| Klei | Lut |
| Kleuren | Culori |
| Lijm | Lipici |
| Olie | Ulei |
| Papier | Hârtie |
| Pastel | Pasteluri |
| Potloden | Creioane |
| Stoel | Scaun |
| Tafel | Tabel |
| Verf | Vopsele |
| Water | Apă |

## Landen #1
### Țările #1

| | |
|---|---|
| België | Belgia |
| Brazilië | Brazilia |
| Cambodja | Cambodgia |
| Canada | Canada |
| Chili | Chile |
| Duitsland | Germania |
| Egypte | Egipt |
| Irak | Irak |
| Israël | Israel |
| Italië | Italia |
| Letland | Letonia |
| Libië | Libia |
| Marokko | Maroc |
| Nicaragua | Nicaragua |
| Noorwegen | Norvegia |
| Panama | Panama |
| Polen | Polonia |
| Roemenië | România |
| Senegal | Senegal |
| Spanje | Spania |

## Landen #2
### Țările #2

| | |
|---|---|
| Denemarken | Danemarca |
| Ethiopië | Etiopia |
| Frankrijk | Franța |
| Griekenland | Grecia |
| Ierland | Irlanda |
| Indonesië | Indonezia |
| Japan | Japonia |
| Kenia | Kenya |
| Laos | Laos |
| Libanon | Liban |
| Liberia | Liberia |
| Maleisië | Malaezia |
| Mexico | Mexic |
| Nepal | Nepal |
| Nigeria | Nigeria |
| Oeganda | Uganda |
| Oekraïne | Ucraina |
| Rusland | Rusia |
| Somalië | Somalia |
| Syrië | Siria |

## Landschappen
### Peisaje

| | |
|---|---|
| Berg | Munte |
| Eiland | Insulă |
| Geiser | Gheizer |
| Gletsjer | Ghețar |
| Grot | Peșteră |
| Heuvel | Deal |
| Ijsberg | Aisberg |
| Meer | Lac |
| Moeras | Mlaștină |
| Oase | Oază |
| Oceaan | Ocean |
| Rivier | Râu |
| Schiereiland | Peninsulă |
| Strand | Plajă |
| Toendra | Tundră |
| Vallei | Vale |
| Vulkaan | Vulcan |
| Waterval | Cascadă |
| Woestijn | Deșert |
| Zee | Mare |

## Literatuur
### Literatură

| | |
|---|---|
| Analogie | Analogie |
| Analyse | Analiză |
| Anekdote | Anecdotă |
| Auteur | Autor |
| Biografie | Biografie |
| Conclusie | Concluzie |
| Dialoog | Dialog |
| Fictie | Ficțiune |
| Gedicht | Poem |
| Mening | Opinie |
| Metafoor | Metaforă |
| Poëtisch | Poetic |
| Rijm | Rimă |
| Ritme | Ritm |
| Roman | Roman |
| Stijl | Stil |
| Thema | Temă |
| Tragedie | Tragedie |
| Vergelijking | Comparație |
| Verteller | Narator |

## Meditatie
### Meditație

| | |
|---|---|
| Aandacht | Atenție |
| Aanvaarding | Acceptare |
| Ademhaling | Respirație |
| Beweging | Mișcare |
| Dankbaarheid | Recunoștință |
| Emoties | Emoții |
| Gedachten | Gânduri |
| Geluk | Fericire |
| Helderheid | Claritate |
| Houding | Postură |
| Mededogen | Compasiune |
| Mentaal | Mental |
| Muziek | Muzică |
| Natuur | Natură |
| Observatie | Observare |
| Perspectief | Perspectivă |
| Stilte | Tăcere |
| Vrede | Pace |
| Vriendelijkheid | Bunătate |
| Wakker | Treaz |

## Meer Informatie
### Operă Științifico-Fantas

| | |
|---|---|
| Bioscoop | Cinema |
| Boeken | Cărți |
| Brand | Foc |
| Denkbeeldig | Imaginar |
| Dystopie | Distopie |
| Explosie | Explozie |
| Extreem | Extrem |
| Fantastisch | Fantastic |
| Futuristisch | Futurist |
| Illusie | Iluzie |
| Mysterieus | Misterios |
| Orakel | Oracol |
| Planeet | Planetă |
| Realistisch | Realist |
| Robots | Roboți |
| Scenario | Scenariu |
| Sterrenstelsel | Galaxie |
| Technologie | Tehnologie |
| Utopie | Utopie |
| Wereld | Lume |

## Menselijk Lichaam
### Corpul Uman

| | |
|---|---|
| Been | Picior |
| Bloed | Sânge |
| Elleboog | Cot |
| Enkel | Gleznă |
| Hand | Mână |
| Hart | Inimă |
| Hersenen | Creier |
| Hoofd | Cap |
| Huid | Piele |
| Kaak | Falcă |
| Kin | Bărbie |
| Knie | Genunchi |
| Maag | Stomac |
| Mond | Gură |
| Nek | Gât |
| Neus | Nas |
| Oor | Ureche |
| Schouder | Umăr |
| Tong | Limbă |
| Vinger | Deget |

## Metingen
### Măsurătorile

| | |
|---|---|
| Breedte | Lățime |
| Byte | Byte |
| Centimeter | Centimetru |
| Decimaal | Zecimal |
| Diepte | Adâncime |
| Gewicht | Greutate |
| Gram | Gram |
| Hoogte | Înălțime |
| Inch | Inch |
| Kilogram | Kilogram |
| Kilometer | Kilometru |
| Lengte | Lungime |
| Liter | Litru |
| Massa | Masă |
| Meter | Metru |
| Minuut | Minut |
| Ons | Uncie |
| Pint | Halbă |
| Ton | Tonă |
| Volume | Volum |

## Mode
### Modă

| | |
|---|---|
| Bescheiden | Modest |
| Betaalbaar | Accesibil |
| Borduurwerk | Broderie |
| Comfortabel | Confortabil |
| Duur | Scump |
| Eenvoudig | Simplu |
| Elegant | Elegant |
| Kant | Dantelă |
| Kleding | Îmbrăcăminte |
| Knop | Butoane |
| Minimalistisch | Minimalist |
| Modern | Modern |
| Origineel | Original |
| Patroon | Model |
| Praktisch | Practic |
| Stijl | Stil |
| Stof | Țesătură |
| Textuur | Textură |
| Trend | Tendință |
| Winkel | Butic |

## Muziek
### Muzica

| | |
|---|---|
| Album | Album |
| Ballade | Baladă |
| Harmonie | Armonie |
| Improviseren | Improviza |
| Instrument | Instrument |
| Klassiek | Clasic |
| Koor | Cor |
| Lyrisch | Liric |
| Melodie | Melodie |
| Microfoon | Microfon |
| Muzikaal | Muzical |
| Muzikant | Muzician |
| Opera | Operă |
| Opname | Înregistrare |
| Poëtisch | Poetic |
| Ritme | Ritm |
| Ritmisch | Ritmic |
| Tempo | Tempo |
| Zanger | Cântăreț |
| Zingen | Cânta |

## Muziekinstrumenten
### Instrumente Muzicale

| | |
|---|---|
| Banjo | Banjo |
| Cello | Violoncel |
| Fagot | Fagot |
| Fluit | Flaut |
| Gitaar | Chitară |
| Gong | Gong |
| Harp | Harpă |
| Hobo | Oboi |
| Klarinet | Clarinet |
| Mandoline | Mandolină |
| Marimba | Marimba |
| Mondharmonica | Muzicuță |
| Percussie | Percuție |
| Piano | Pian |
| Saxofoon | Saxofon |
| Tamboerijn | Tamburină |
| Trombone | Trombon |
| Trommel | Tobă |
| Trompet | Trompetă |
| Viool | Vioară |

## Mythologie
### Mitologie

| | |
|---|---|
| Archetype | Arhetip |
| Bliksem | Fulger |
| Creatie | Creare |
| Cultuur | Cultură |
| Donder | Tunet |
| Doolhof | Labirint |
| Gedrag | Comportament |
| Held | Erou |
| Heldin | Eroina |
| Hemel | Cer |
| Jaloezie | Gelozie |
| Kracht | Tărie |
| Krijger | Războinic |
| Legende | Legendă |
| Monster | Monstru |
| Onsterfelijkheid | Nemurire |
| Ramp | Dezastru |
| Sterfelijk | Muritor |
| Wezen | Făptură |
| Wraak | Răzbunare |

## Natuur
### Natura

| | |
|---|---|
| Arctisch | Arctic |
| Bijen | Albine |
| Bos | Pădure |
| Dieren | Animale |
| Dynamisch | Dinamic |
| Erosie | Eroziune |
| Gebladerte | Frunze |
| Gletsjer | Ghețar |
| Heiligdom | Sanctuar |
| Klippen | Stânci |
| Mist | Ceață |
| Rivier | Râu |
| Schoonheid | Frumusețe |
| Schuilplaats | Adăpost |
| Sereen | Senin |
| Tropisch | Tropical |
| Vitaal | Vital |
| Wild | Sălbatic |
| Woestijn | Deșert |
| Wolken | Nori |

## Natuurkunde
### Fizică

| | |
|---|---|
| Atoom | Atom |
| Chaos | Haos |
| Chemisch | Chimic |
| Deeltje | Particulă |
| Dichtheid | Densitate |
| Elektron | Electron |
| Experiment | Experiment |
| Formule | Formulă |
| Frequentie | Frecvență |
| Gas | Gaz |
| Magnetisme | Magnetism |
| Massa | Masă |
| Mechanica | Mecanica |
| Molecuul | Moleculă |
| Motor | Motor |
| Relativiteit | Relativitate |
| Snelheid | Viteză |
| Universeel | Universal |
| Versnelling | Accelerare |
| Zwaartekracht | Gravitație |

## Oceaan
### Ocean

| | |
|---|---|
| Aal | Anghilă |
| Algen | Alge |
| Boot | Barcă |
| Dolfijn | Delfin |
| Garnaal | Crevetă |
| Getijden | Maree |
| Golven | Valuri |
| Haai | Rechin |
| Koraal | Coral |
| Krab | Crab |
| Kwal | Meduze |
| Octopus | Caracatiță |
| Oester | Stridie |
| Rif | Recif |
| Spons | Burete |
| Storm | Furtună |
| Tonijn | Ton |
| Vis | Pește |
| Walvis | Balenă |
| Zout | Sare |

## Opwarming van de Aarde
### Încălzirea Globală

| | |
|---|---|
| **Aandacht** | Atenție |
| **Arctisch** | Arctic |
| **Crisis** | Criză |
| **Energie** | Energie |
| **Gas** | Gaz |
| **Gegevens** | Date |
| **Generaties** | Generații |
| **Gevolgen** | Consecințe |
| **Industrie** | Industrie |
| **Internationaal** | Internațional |
| **Klimaat** | Climat |
| **Milieu** | Mediu |
| **Nu** | Acum |
| **Ontwikkeling** | Dezvoltare |
| **Regering** | Guvern |
| **Temperaturen** | Temperaturi |
| **Toekomst** | Viitor |
| **Veranderingen** | Modificări |
| **Wetenschapper** | Om de Știință |
| **Wetgeving** | Legislație |

## Overheid
### Guvern

| | |
|---|---|
| **Burgerschap** | Cetățenie |
| **Civiel** | Civil |
| **Democratie** | Democrație |
| **Discussie** | Discuție |
| **Gelijkheid** | Egalitate |
| **Gerechtelijk** | Juridic |
| **Gerechtigheid** | Dreptate |
| **Grondwet** | Constituție |
| **Leider** | Lider |
| **Monument** | Monument |
| **Natie** | Națiune |
| **Nationaal** | Național |
| **Politiek** | Politică |
| **Rechten** | Drepturi |
| **Staat** | Stat |
| **Symbool** | Simbol |
| **Toespraak** | Vorbire |
| **Vrijheid** | Libertate |
| **Wet** | Lege |
| **Wijk** | District |

## Psychologie
### Psihologie

| | |
|---|---|
| **Afspraak** | Programare |
| **Beoordeling** | Evaluare |
| **Bewusteloos** | Inconștient |
| **Cognitie** | Cunoaștere |
| **Conflict** | Conflict |
| **Dromen** | Vise |
| **Ego** | Ego |
| **Emoties** | Emoții |
| **Ervaringen** | Experiențe |
| **Gedachten** | Gânduri |
| **Gedrag** | Comportament |
| **Gevoel** | Senzație |
| **Invloed** | Influențe |
| **Jeugd** | Copilărie |
| **Klinisch** | Clinic |
| **Perceptie** | Percepție |
| **Persoonlijkheid** | Personalitate |
| **Probleem** | Problemă |
| **Realiteit** | Realitate |
| **Therapie** | Terapie |

## Regenwoud
### Pădurea Tropicală

| | |
|---|---|
| **Amfibieën** | Amfibieni |
| **Behoud** | Conservare |
| **Botanisch** | Botanic |
| **Diversiteit** | Diversitate |
| **Gemeenschap** | Comunitate |
| **Inheems** | Indigene |
| **Insecten** | Insecte |
| **Jungle** | Junglă |
| **Klimaat** | Climat |
| **Mos** | Mușchi |
| **Natuur** | Natură |
| **Overleving** | Supraviețuire |
| **Respect** | Respect |
| **Restauratie** | Restaurare |
| **Soort** | Specie |
| **Toevlucht** | Refugiu |
| **Vogels** | Păsări |
| **Waardevol** | Valoros |
| **Wolken** | Nori |
| **Zoogdieren** | Mamifere |

## Restaurant #2
### Restaurantul #2

| | |
|---|---|
| **Cake** | Tort |
| **Diner** | Cina |
| **Drank** | Băutură |
| **Eieren** | Ouă |
| **Fruit** | Fruct |
| **Groente** | Legume |
| **Heerlijk** | Delicios |
| **Ijs** | Gheață |
| **Lepel** | Lingură |
| **Lunch** | Prânz |
| **Ober** | Chelner |
| **Salade** | Salată |
| **Soep** | Supă |
| **Specerijen** | Condimente |
| **Stoel** | Scaun |
| **Vis** | Pește |
| **Voorgerecht** | Aperitiv |
| **Vork** | Furcă |
| **Water** | Apă |
| **Zout** | Sare |

## Rijden
### Conducere

| | |
|---|---|
| **Auto** | Mașină |
| **Brandstof** | Combustibil |
| **Garage** | Garaj |
| **Gas** | Gaz |
| **Gevaar** | Pericol |
| **Kaart** | Hartă |
| **Licentie** | Licență |
| **Motor** | Motor |
| **Motorfiets** | Motocicletă |
| **Ongeluk** | Accident |
| **Politie** | Politie |
| **Remmen** | Frâne |
| **Snelheid** | Viteză |
| **Straat** | Stradă |
| **Tunnel** | Tunel |
| **Veiligheid** | Siguranță |
| **Verkeer** | Trafic |
| **Voetganger** | Pieton |
| **Vrachtauto** | Camion |
| **Weg** | Drum |

## Schaken
### Şah

| | |
|---|---|
| Diagonaal | Diagonală |
| Kampioen | Campion |
| Koning | Rege |
| Koningin | Regină |
| Offer | Sacrificiu |
| Passief | Pasiv |
| Punten | Puncte |
| Reglement | Reguli |
| Slim | Inteligent |
| Spel | Joc |
| Speler | Jucător |
| Strategie | Strategie |
| Tegenstander | Adversar |
| Tijd | Timp |
| Toernooi | Turneu |
| Uitdagingen | Provocări |
| Wedstrijd | Concurs |
| Wit | Alb |
| Zwart | Negru |

## Schoonheid
### Frumusețe

| | |
|---|---|
| Charme | Farmec |
| Cosmetica | Cosmetice |
| Diensten | Servicii |
| Elegant | Elegant |
| Elegantie | Eleganță |
| Fotogeniek | Fotogenic |
| Genade | Grație |
| Geur | Parfum |
| Glad | Neted |
| Huid | Piele |
| Kleur | Culoare |
| Krullen | Bucle |
| Lippenstift | Ruj |
| Mascara | Rimel |
| Producten | Produse |
| Schaar | Foarfece |
| Shampoo | Șampon |
| Spiegel | Oglindă |
| Stilist | Stilist |
| Verzinnen | Machiaj |

## Specerijen
### Condimente

| | |
|---|---|
| Anijs | Anason |
| Bitter | Amar |
| Fenegriek | Schinduf |
| Gember | Ghimbir |
| Kaneel | Scorțișoară |
| Kardemom | Cardamom |
| Kerrie | Curry |
| Knoflook | Usturoi |
| Komijn | Chimion |
| Koriander | Coriandru |
| Nootmuskaat | Nucșoară |
| Paprika | Paprika |
| Peper | Piper |
| Saffraan | Șofran |
| Smaak | Aromă |
| Ui | Ceapă |
| Vanille | Vanilie |
| Venkel | Fenicul |
| Zoet | Dulce |
| Zout | Sare |

## Stad
### Oraș

| | |
|---|---|
| Apotheek | Farmacie |
| Bakkerij | Brutărie |
| Bank | Bancă |
| Bibliotheek | Bibliotecă |
| Bioscoop | Cinema |
| Bloemist | Florar |
| Boekhandel | Librărie |
| Galerij | Galerie |
| Hotel | Hotel |
| Kliniek | Clinica |
| Luchthaven | Aeroport |
| Markt | Piață |
| Museum | Muzeu |
| Restaurant | Restaurant |
| School | Școală |
| Stadion | Stadion |
| Supermarkt | Supermarket |
| Theater | Teatru |
| Universiteit | Universitate |
| Winkel | Magazin |

## Tijd
### Timp

| | |
|---|---|
| Dag | Zi |
| Decennium | Deceniu |
| Eeuw | Secol |
| Gisteren | Ieri |
| Jaar | An |
| Jaarlijks | Anual |
| Kalender | Calendar |
| Klok | Ceas |
| Maand | Lună |
| Middag | Amiază |
| Minuut | Minut |
| Na | După |
| Nacht | Noapte |
| Nu | Acum |
| Ochtend | Dimineață |
| Toekomst | Viitor |
| Uur | Oră |
| Vandaag | Azi |
| Vroeg | Devreme |
| Week | Săptămână |

## Tuin
### Grădină

| | |
|---|---|
| Bank | Bancă |
| Bloem | Floare |
| Bodem | Sol |
| Boom | Copac |
| Boomgaard | Livadă |
| Garage | Garaj |
| Gazon | Gazon |
| Gras | Iarbă |
| Hangmat | Hamac |
| Hark | Greblă |
| Hek | Gard |
| Onkruid | Buruieni |
| Schop | Lopată |
| Slang | Furtun |
| Struik | Tufiș |
| Terras | Terasă |
| Trampoline | Trambulină |
| Tuin | Grădină |
| Veranda | Verandă |
| Vijver | Iaz |

## Universum
### Universul

| Asteroïde | Asteroid |
|---|---|
| Astronomie | Astronomie |
| Astronoom | Astronom |
| Atmosfeer | Atmosferă |
| Baan | Orbită |
| Breedtegraad | Latitudine |
| Dierenriem | Zodiac |
| Duisternis | Întuneric |
| Evenaar | Ecuator |
| Halfrond | Emisferă |
| Hemel | Cer |
| Horizon | Orizont |
| Kantelen | Înclinare |
| Kosmisch | Cosmic |
| Lengtegraad | Longitudine |
| Maan | Luna |
| Sterrenstelsel | Galaxie |
| Telescoop | Telescop |
| Zichtbaar | Vizibil |
| Zonnewende | Solstițiu |

## Vakantie #2
### Vacanță #2

| Bestemming | Destinație |
|---|---|
| Buitenlander | Străin |
| Eiland | Insulă |
| Hotel | Hotel |
| Kaart | Hartă |
| Kamperen | Camping |
| Luchthaven | Aeroport |
| Paspoort | Pașaport |
| Reis | Călătorie |
| Reserveringen | Rezervări |
| Restaurant | Restaurant |
| Strand | Plajă |
| Taxi | Taxi |
| Tent | Cort |
| Trein | Tren |
| Vakantie | Vacanță |
| Vervoer | Transport |
| Visum | Viză |
| Vrije Tijd | Timp Liber |
| Zee | Mare |

## Vliegtuigen
### Avioane

| Afdaling | Coborâre |
|---|---|
| Atmosfeer | Atmosferă |
| Avontuur | Aventură |
| Ballon | Balon |
| Bemanning | Echipaj |
| Bouw | Construcție |
| Brandstof | Combustibil |
| Geschiedenis | Istorie |
| Hemel | Cer |
| Hoogte | Înălțime |
| Landen | Aterizare |
| Lucht | Aer |
| Motor | Motor |
| Navigeren | Naviga |
| Ontwerp | Model |
| Passagier | Pasager |
| Piloot | Pilot |
| Richting | Direcție |
| Turbulentie | Turbulență |
| Waterstof | Hidrogen |

## Voeding
### Alimentație

| Bitter | Amar |
|---|---|
| Calorieën | Calorii |
| Dieet | Dietă |
| Eetbaar | Comestibil |
| Eetlust | Apetit |
| Eiwitten | Proteine |
| Evenwichtig | Echilibrat |
| Fermentatie | Fermentație |
| Gewicht | Greutate |
| Gezond | Sănătos |
| Gezondheid | Sănătate |
| Koolhydraten | Glucide |
| Kwaliteit | Calitate |
| Saus | Sos |
| Smaak | Aromă |
| Spijsvertering | Digestie |
| Toxine | Toxină |
| Vitamine | Vitamină |
| Vloeistoffen | Lichide |
| Voedingsstof | Nutrient |

## Voertuigen
### Autovehicule

| Ambulance | Ambulanță |
|---|---|
| Auto | Mașină |
| Banden | Anvelope |
| Boot | Barcă |
| Bus | Autobuz |
| Caravan | Caravană |
| Fiets | Bicicletă |
| Helikopter | Elicopter |
| Metro | Metrou |
| Motor | Motor |
| Onderzeeër | Submarin |
| Raket | Rachetă |
| Scooter | Scuter |
| Taxi | Taxi |
| Tractor | Tractor |
| Trein | Tren |
| Veerboot | Bac |
| Vliegtuig | Avion |
| Vlot | Plută |
| Vrachtauto | Camion |

## Vogels
### Păsări

| Duif | Porumbel |
|---|---|
| Eend | Rață |
| Ei | Ou |
| Flamingo | Flamingo |
| Gans | Gâscă |
| Kip | Pui |
| Koekoek | Cuc |
| Kraai | Cioară |
| Meeuw | Pescăruș |
| Mus | Vrabie |
| Ooievaar | Barză |
| Papegaai | Papagal |
| Pauw | Păun |
| Pelikaan | Pelican |
| Pinguïn | Pinguin |
| Reiger | Stârc |
| Struisvogel | Struț |
| Toekan | Toucan |
| Uil | Bufniță |
| Zwaan | Lebădă |

## Vormen
### Forme

| | |
|---|---|
| Bol | Sferă |
| Boog | Arc |
| Cilinder | Cilindru |
| Cirkel | Cerc |
| Curve | Curbă |
| Driehoek | Triunghi |
| Hoek | Colţ |
| Hyperbool | Hiperbolă |
| Kant | Parte |
| Kegel | Con |
| Kubus | Cub |
| Lijn | Linia |
| Ovaal | Oval |
| Piramide | Piramidă |
| Prisma | Prismă |
| Randen | Margini |
| Rechthoek | Dreptunghi |
| Ronde | Rotund |
| Veelhoek | Poligon |
| Vierkant | Pătrat |

## Wandelen
### Drumeţii

| | |
|---|---|
| Berg | Munte |
| Dieren | Animale |
| Gevaren | Pericole |
| Kaart | Hartă |
| Kamperen | Camping |
| Klif | Stâncă |
| Klimaat | Climat |
| Laarzen | Cizme |
| Moe | Obosit |
| Muggen | Ţânţari |
| Natuur | Natură |
| Oriëntatie | Orientare |
| Parken | Parcuri |
| Stenen | Pietre |
| Top | Summit |
| Voorbereiding | Pregătirea |
| Water | Apă |
| Wild | Sălbatic |
| Zon | Soare |
| Zwaar | Greu |

## Water
### Apă

| | |
|---|---|
| Douche | Duş |
| Geiser | Gheizer |
| Golven | Valuri |
| Ijs | Gheaţă |
| Irrigatie | Irigare |
| Kanaal | Canal |
| Meer | Lac |
| Moesson | Muson |
| Oceaan | Ocean |
| Orkaan | Uragan |
| Overstroming | Inundaţii |
| Regen | Ploaie |
| Rivier | Râu |
| Sneeuw | Zăpadă |
| Stoom | Abur |
| Stroom | Curent |
| Verdamping | Evaporare |
| Vochtig | Umede |
| Vochtigheid | Umiditate |
| Vorst | Îngheţ |

## Weersomstandigheden
### Vremea

| | |
|---|---|
| Atmosfeer | Atmosferă |
| Bliksem | Fulger |
| Donder | Tunet |
| Droogte | Secetă |
| Hemel | Cer |
| Ijs | Gheaţă |
| Klimaat | Climat |
| Mist | Ceaţă |
| Moesson | Muson |
| Orkaan | Uragan |
| Overstroming | Inundaţii |
| Polair | Polar |
| Regenboog | Curcubeu |
| Storm | Furtună |
| Temperatuur | Temperatura |
| Tornado | Tornadă |
| Tropisch | Tropicale |
| Vochtig | Umed |
| Wind | Vânt |
| Wolk | Nor |

## Wetenschap
### Ştiinţă

| | |
|---|---|
| Atoom | Atom |
| Chemisch | Chimic |
| Deeltjes | Particule |
| Evolutie | Evoluţie |
| Experiment | Experiment |
| Feit | Fapt |
| Fossiel | Fosil |
| Gegevens | Date |
| Hypothese | Ipoteză |
| Klimaat | Climat |
| Laboratorium | Laborator |
| Methode | Metodă |
| Mineralen | Minerale |
| Moleculen | Molecule |
| Natuur | Natură |
| Natuurkunde | Fizică |
| Observatie | Observare |
| Organisme | Organism |
| Wetenschapper | Om de Ştiinţă |
| Zwaartekracht | Gravitaţie |

## Wetenschappelijke Discip
### Disciplinele Ştiinţifice

| | |
|---|---|
| Anatomie | Anatomie |
| Archeologie | Arheologie |
| Astronomie | Astronomie |
| Biochemie | Biochimie |
| Biologie | Biologie |
| Chemie | Chimie |
| Ecologie | Ecologie |
| Fysiologie | Fiziologie |
| Geologie | Geologie |
| Immunologie | Imunologie |
| Mechanica | Mecanica |
| Meteorologie | Meteorologie |
| Mineralogie | Mineralogie |
| Neurologie | Neurologie |
| Plantkunde | Botanică |
| Psychologie | Psihologie |
| Robotica | Robotica |
| Sociologie | Sociologie |
| Thermodynamica | Termodinamică |
| Voeding | Nutriţie |

## Wiskunde
### Matematică

| | |
|---|---|
| **Bol** | Sferă |
| **Decimaal** | Zecimal |
| **Diameter** | Diametru |
| **Driehoek** | Triunghi |
| **Exponent** | Exponent |
| **Fractie** | Fracţiune |
| **Geometrie** | Geometrie |
| **Hoeken** | Unghiuri |
| **Loodrecht** | Perpendicular |
| **Omtrek** | Perimetru |
| **Parallel** | Paralel |
| **Parallellogram** | Paralelogram |
| **Rechthoek** | Dreptunghi |
| **Rekenkundig** | Aritmetică |
| **Som** | Sumă |
| **Symmetrie** | Simetrie |
| **Veelhoek** | Poligon |
| **Vergelijking** | Ecuaţie |
| **Vierkant** | Pătrat |
| **Volume** | Volum |

## Zakelijk
### Afaceri

| | |
|---|---|
| **Bedrijf** | Companie |
| **Begroting** | Buget |
| **Belastingen** | Taxe |
| **Carrière** | Carieră |
| **Economie** | Economie |
| **Fabriek** | Fabrică |
| **Financiën** | Finanţa |
| **Geld** | Bani |
| **Inkomen** | Venituri |
| **Investering** | Investiţii |
| **Kantoor** | Birou |
| **Korting** | Reducere |
| **Kosten** | Cost |
| **Transactie** | Tranzacţie |
| **Valuta** | Valută |
| **Verkoop** | Vânzare |
| **Werkgever** | Angajator |
| **Werknemer** | Angajat |
| **Winkel** | Magazin |
| **Winst** | Profit |

## Ziekte
### Boală

| | |
|---|---|
| **Acuut** | Acut |
| **Ademhaling** | Respiratorii |
| **Allergieën** | Alergii |
| **Bacterieel** | Bacterian |
| **Besmettelijk** | Contagios |
| **Botten** | Oase |
| **Buik** | Abdominal |
| **Chronisch** | Cronic |
| **Erfelijk** | Ereditar |
| **Genetisch** | Genetic |
| **Gezondheid** | Sănătate |
| **Hart** | Inimă |
| **Immuniteit** | Imunitate |
| **Lichaam** | Corp |
| **Neuropathie** | Neuropatie |
| **Ontsteking** | Iritare |
| **Sinus** | Sinus |
| **Syndroom** | Sindrom |
| **Therapie** | Terapie |
| **Zwak** | Slab |

## Zoogdieren
### Mamiferele

| | |
|---|---|
| **Aap** | Maimuţă |
| **Bever** | Castor |
| **Coyote** | Coiot |
| **Dolfijn** | Delfin |
| **Ezel** | Măgar |
| **Geit** | Capră |
| **Giraf** | Girafă |
| **Gorilla** | Gorilă |
| **Hond** | Câine |
| **Kameel** | Cămilă |
| **Kangoeroe** | Cangur |
| **Kat** | Pisică |
| **Konijn** | Iepure |
| **Leeuw** | Leu |
| **Olifant** | Elefant |
| **Paard** | Cal |
| **Stier** | Taur |
| **Vos** | Vulpe |
| **Walvis** | Balenă |
| **Wolf** | Lup |

# *Gefeliciteerd*

## Je hebt het gehaald!

We hopen dat u net zoveel plezier beleeft aan dit boek als wij aan het maken ervan. We doen ons best om spellen van hoge kwaliteit te maken.
Deze puzzels zijn op een slimme manier ontworpen zodat je actief kunt leren terwijl je plezier hebt!

Vond je ze mooi?

-------

## Een Eenvoudig Verzoek

Onze boeken bestaan dankzij de recensies die zij publiceren.
Kunt u ons helpen door nu een mening achter te laten ?

Hier is een korte link die u naar uw
bestellingen beoordelingspagina.

BestBooksActivity.com/Recensie50

# FINAAL UITDAGING!

## Uitdaging nr. 1

Klaar voor uw bonusspel? We gebruiken ze de hele tijd, maar ze zijn niet zo gemakkelijk te vinden. Hier zijn **Synoniemen!**

Noteer 5 woorden die je ontdekt hebt in elk van de onderstaande puzzels (nr. 21, nr. 36, nr. 76) en probeer voor elk woord 2 synoniemen te vinden.

### Notitie 5 Woorden uit *Puzzle 21*

| Woorden | Synoniem 1 | Synoniem 2 |
|---------|------------|------------|
|         |            |            |
|         |            |            |
|         |            |            |
|         |            |            |
|         |            |            |

### Notitie 5 Woorden uit *Puzzle 36*

| Woorden | Synoniem 1 | Synoniem 2 |
|---------|------------|------------|
|         |            |            |
|         |            |            |
|         |            |            |
|         |            |            |
|         |            |            |

### Notitie 5 Woorden uit *Puzzle 76*

| Woorden | Synoniem 1 | Synoniem 2 |
|---------|------------|------------|
|         |            |            |
|         |            |            |
|         |            |            |
|         |            |            |
|         |            |            |

# Uitdaging nr. 2

Nu je opgewarmd bent, noteer 5 woorden die je ontdekt hebt in elke hieronder genoteerde puzzel (nr. 9, nr. 17, nr. 25) en probeer voor elk woord 2 antoniemen te vinden. Hoeveel regels kan je doen in 20 minuten?

### Notitie 5 Woorden uit *Puzzle 9*

| Woorden | Antoniem 1 | Antoniem 2 |
|---|---|---|
|  |  |  |
|  |  |  |
|  |  |  |
|  |  |  |
|  |  |  |

### Notitie 5 Woorden uit *Puzzle 17*

| Woorden | Antoniem 1 | Antoniem 2 |
|---|---|---|
|  |  |  |
|  |  |  |
|  |  |  |
|  |  |  |
|  |  |  |

### Notitie 5 Woorden uit *Puzzle 25*

| Woorden | Antoniem 1 | Antoniem 2 |
|---|---|---|
|  |  |  |
|  |  |  |
|  |  |  |
|  |  |  |
|  |  |  |

# Uitdaging nr. 3

Prachtig, deze finaal uitdaging 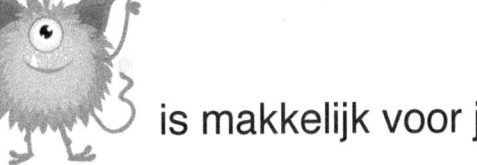 is makkelijk voor jou!

Klaar voor de laatste? Kies je 10 favoriete woorden die je in een van de puzzels hebt ontdekt en noteer ze hieronder.

| | |
|---|---|
| 1. | 6. |
| 2. | 7. |
| 3. | 8. |
| 4. | 9. |
| 5. | 10. |

De uitdaging is nu om met deze woorden en binnen een maximum van zes zinnen een tekst te schrijven over een persoon, dier of plaats waar je van houdt!

*Tip: U kunt de laatste blanco pagina van dit boek als kladblaadje gebruiken!*

## Je schrijven:

# NOTITIEBOEKJE:

# TOT SNEL!

*Linguas Classics*

# GENIET VAN GRATIS SPELLEN

## GO

↓

**BESTACTIVITYBOOKS.COM/FREEGAMES**